班主任必备丛书
BANZHURENBIBEI CONGSHU

小学班级活动策划与组织

主编：李宁

编委会成员：李宁　夏楠　孙秀影　刘萍　周爽

吉林出版集团　　吉林文史出版社

图书在版编目（CIP）数据

小学班级活动策划与组织 / 李宁主编. ——长春：
吉林文史出版社，2012. 12
　（班主任必备丛书）
　ISBN 978 - 7 - 5472 - 1338 - 4

Ⅰ. ①小… Ⅱ. ①李… Ⅲ. ①活动课程 - 课程设计 -
小学 Ⅳ. ①G622.3

中国版本图书馆 CIP 数据核字（2012）第 297209 号

班主任必备丛书

小学班级活动策划与组织

XIAOXUE BANJI HUODONG CEHUA YU ZUZHI

编著/李　宁
责任编辑/周海英　陆栎充
封面设计/小徐书装
出版发行/吉林出版集团　吉林文史出版社
地址/长春市人民大街 4646 号
邮编/130021
电话/0431 - 86037507
网址/www. jlws. com. cn
印刷/北京中振源印务有限公司
开本/710mm×1000mm　1/16
印张/14　字数/140 千字
版次/2013 年 2 月第 1 版　2019 年 12 月第 2 次印刷
书号/ISBN 978 - 7 - 5472 - 1338 - 4
定价/39. 80 元

目　录

班主任必备丛书

第一章 小学班级活动与小学班主任

小学班级活动是小学学校教育活动的重要组成部分，是小学班集体建设的命脉。开展丰富多彩的、具有教育意义的小学班级活动是小学班主任工作的重要内容。作为小学班主任，应从学校教育的实际出发，认真研究班级活动的具体设计，组织开展好各项班级活动，以促进小学生身心全面、和谐、健康地发展。

第一节 小学班级活动概述

一、小学班级活动的含义及特点

小学班级活动是指在小学班主任指导下，根据国家课程目标和学校培养目标，有目的、有计划地以小学班级为单位，

1

为实现小学班级教育目标而举行的各种教育、教学实践活动。一般情况下，小学班级活动包括两大类：一类是课堂教学活动，包括听课、实验、自学、小组合作等；另一类是班级集体活动，主要是指学科教学以外的，为实现一定教育目的，组织班级全体成员参加的教育、教学实践活动。本书中所探讨研究的特指第二类班级活动。

新课程背景下人们对班级有了更新、更深刻的认识。班级不仅是一个生命共同体，更是一个学习共同体和发展共同体。学生每天都要在班级中学习和生活，班级对学生会产生直接性的影响。在小学阶段，儿童有着强烈的活动需要，这与小学生的身心发展特点是密切相关的。如小学生大脑处于发育阶段，对新鲜事物比较敏感，会表现出好新、好奇、好动、好胜和好学等特点；同时，小学生正处于个性发展时期，已经开始有独立的判断、评价和自我认识能力，渴望感受集体的温暖和他人的尊重。因此，小学班级是每一位学生自我价值实现的重要平台，而小学班级活动正是小学班级建设的一项重要内容。新课程理念下，小学班级活动具有自主性、教育性、灵活性、多样性、实践性、趣味性、差异性等基本特点。

1. 自主性

班级活动的主体是学生。学生通过参与班级活动，展示自己的才能，通过亲身体验，实现自主成长。一般情况下，班级活动的设计是基于学生的兴趣需要，爱好自由，充分调动学生参与活动的积极性和主动性，鼓励学生自主选择活动的具体内容和形式。只有这样，班级活动的内容才会符合学生的身心发展特点，才会被学生所接受，学生才会乐于参与。作为班主任，要致力于让全班学生都以最大的热情参与到班级活动中来，以实现学生的个性发展。

2. 教育性

班级活动是班级活力的重要体现，对学生的成长和发展有着重要的影响和意义。尤其是在小学阶段，学生的身心正处于成长时期，可塑性极强，也极易受到他人及外界环境的影响。同学科教学一样，小学班级活动也有着重要的教育性意义：它不仅能够对小学生进行必要的思想教育，同时也有利于培养小学生良好的生活和劳动习惯，促进小学生身心的健康成长。例如以"神舟飞天，我为你自豪"为主题开展班（队）会活动，不仅可以让学生铭记神舟飞天这一具有里程碑意义的事件，同时可以激发小学生的爱国情感，适时引导学生关注社会、关注生活。又如开展"我创意、我环保——环保袋设计大赛"，锻炼学生的动手能力，增强环保意识；组织"跳绳比赛"，增强学生的体力，培养集体精神。这些多种多样的班级活动，都能从不同侧面使学生受到教育和熏陶。

3. 灵活性

20世纪80年代，受集体主义思想的影响，班级活动多以大型活动为主，形式、内容和时间都比较固定。新课程理念下，集体主义与个性发展相结合的观点决定了根据学校和学生的实际情况，班级活动规模可大可小，时间可长可短，内容设计更加灵活多样。具体来讲，既可以有全班的、全年级的、全校的集体活动，也可以有小组活动和个人活动；既可以以班会、讲座、报告会等讲演形式组织活动，同时也可以社会调查、参观、劳动实践等形式开展活动。此外，由于小学生正处在长身体阶段，骨骼、肌肉、心脏和神经系统的发育还不够完善，不适宜较长时间的剧烈运动和繁重的劳动，所以小学班级活动的时间和内容也可以根据实际情况灵活选择。

4. 多样性

小学班级活动的多样性主要是指班级内容的丰富和多样化。前面提到小学班级活动主要包括课堂教学类以及班级集体活动类。而班级集体活动类又包括主题班（队）会活动、学习活动、文体活动、科技活动以及劳动技术活动等方面。主题班（队）会主要是以鲜明、深刻、新颖的主题来教育和影响学生，使其在政治思想上得到提高，行为习惯上得到培养，意志品质上得到锻炼；学习活动主要是以提高学生学习品质为目的而设计的活动，不同于一般的课堂教学，它更强调通过活动培养学生的探究意识、提高学习能力；文体活动主要是通过文艺和体育活动，培养学生的审美能力和坚韧的体育精神，增强学生的体质；科技活动主要是通过科技小发明、科技讲座和科技展览等，培养学生爱科学、讲科学的兴趣；劳动技术活动主要是通过学生的亲身实践，培养学生的劳动习惯，增强劳动技能。可见，小学班级活动的内容十分丰富，学生可以根据自身的兴趣和爱好特长，在丰富多彩的班级活动中，发挥自己的优势，实现自身的价值。

5. 实践性

活动即由共同目的联合起来并完成一定社会职能的动作的总和。既然是动作的总和，就说明活动是由一系列动作构成的系统，实践性是其根本特征。小学班级活动给每个学生提供了充分实践的机会。学生们主动参与，自己动手设计和组织，不仅有利于获得知识、掌握方法，同时也有利于获得丰富的生活体验，提高学习和生活能力。

6. 趣味性

与中学、大学班级活动有所不同，小学班级活动更强调活动的趣味性。小学生活泼好动，好奇心强，对生动、具体、新鲜、新颖的事物比较感兴趣，对抽象、复杂、枯燥的事物不感兴趣。因此，小学班级活动通常会选择与小学生生

活相近的，能够引发其参与兴趣的内容或形式，将活动的教育性与趣味性相结合，让学生在活动中得到乐趣，得到充分发展。如为使学生课间充分放松，保证听课质量和提高学习效率，浙江温州平阳二小大队部向全校师生发出邀请，开展"手拉手，快乐游戏大家玩"的活动。每个班级在大队统一要求下，都可以选择适合本班特色的游戏活动。有的班级通过歌曲播放、小品表演、问卷调查、小组讨论等多种方式，积极参与班级活动，营造了和谐、有序、健康的活动氛围，让学生们真正体验到了课间活动的快乐。

7. 差异性

世界上没有完全相同的两片树叶，更没有完全相同的两个人。从这个意义上来讲，个体的性格差异是千差万别的。在小学班级活动的设计与组织中，班主任更应该时刻注意这一点。小学生的性格、兴趣、气质、爱好、智力、能力水平等各不相同，有的内敛有的活泼，有的爱说有的沉默，有的学习好有的文体好等等。

作为班主任应善于发现每个学生身上的优势及不足，根据学生个性特点，因材施教，采取有针对性的教育教学，以促进个性的全面发展。

二、小学班级活动的种类

如前所述，本书所研究和探讨的主要是指学科教学以外的，为实现一定教育目的，组织小学班级全体成员参加的教育、教学实践活动。这些实践活动，按照不同的标准可以分成不同的种类。如按照活动的地点可以分为校内活动和校外活动；按照活动时间可以分为日常活动或临时活动；按照功能可以分为精神引领类活动、学习促进类活动、个性发展类活动以及社会适应类活动；按照活动具体内容可以分成爱国爱校教育活动、集体主义教育活动、遵纪守法教育活动、规范养成教育活动、树立理想教育活动以及能力教育活动等。

上述任何一种分类，都有其分类的具体依据和标准，所要研究的内容和侧重点也会有所不同。这里我们不去评说也没有必要非得选择出哪种分法更好、更标准、更科学，而是要向大家阐明无论是哪种分类，小学班级活动的具体内容大都相一致，主要有主题班（队）会、学习活动、文体活动、科技活动和劳动技术活动等。本书也将重点介绍这五类活动，包括每种活动的主题设置、内容设计及组织、对学生的影响以及具体案例分析与指导等。

（一）主题班（队）会

主题班（队）会是指在班主任（辅导员）领导下，以班级（中队）为单位组织的对全体学生（队员）进行的教育活动。主题班（队）会分为班会和队会两大类。虽然这两类活动在教育组织者、教育方式、活动仪式和主持人等方面有所不同

（详见第二章），但其根本教育目的是相同的，都是为了扩大学生的视野，丰富学生的知识，促进学生的身心健康发展。在具体活动内容上，这两大类也都是比较丰富的，既可以有德育活动，又可以有智育、美育、体育及劳动技术教育内容。因此，本书将两类综合在一起加以介绍，以便读者能够更为深入地理解和掌握。

（二）学习活动

学习活动是班主任以提高学生学习品质为目的而设计的活动。它不同于一般的学科教学，主要是指班主任在关注学生学习成绩的同时，通过班级活动创设良好的班风学风，培养学生良好的学习习惯，掌握科学的学习方法，使全体学生在共同学习的过程中学会合作，学会学习。如学习方法讲座、学习经验交流会、各类知识竞赛、读书指导活动、探究性学习活动等。（详见第三章）

（三）文体活动

文体活动是素质教育的重要内容，是班级活动的重要组成部分。小学班级文体活动包括两个部分，一是班级文艺活动，一是班级体育活动。班级文艺活动的开展为学生提供了自我展示的舞台，有利于提高学生的文艺修养，陶冶情操，培养艺术特长，如歌曲大赛、才艺展示、文艺晚会等；班级体育活动的开展有利于全面增强学生的身体素质，预防疾病，培养学生的体育兴趣和体育精神，如球类比赛、跳绳比赛、体育游戏等。（详见第四章）作为小学班主任，要全力提倡、精心设计和组织丰富多彩的班级文体活动，这是形成班级和谐环境，产生向心力和凝聚力的绝好机会。

（四）科技活动

小学科技活动是按照一定教育目的要求，以班集体为单位，对小学生科学素质（科学意识、科学态度、科学能力等）施以重要影响的活动。活动的最终目的不是向小学生传授已有的知识，而是要引导学生自主参与各项科技活动，通过自主探究、合作学习、动手操作等形式挖掘学生知识的未知领域，使其成为自觉、自由创造的人。小学科技活动的内容丰富多彩，可以不受课堂和书本的局限，从广阔的自然界和熟悉的社会生活中去获得知识和体验，提高小学生的思维、创新和动手能力。如科技制作、科技发明、科技作业等活动。（详见第五章）

（五）劳动技术活动

劳动技术活动是以"锻炼自我，服务社会"为主题，以增强学生社会责任感、培养学生正确劳动观念及技能为目的，以带领学生走出教室、走进社会为形式的班级集体活动。让

小学生参与社会实践活动，能够引导小学生更好、更清楚地认识社会、了解社会，积累社会和生活经验。如通过参观、访问、社会调查、劳动实践活动等，在实践操作中培养小学生的动手能力、社会参与能力、劳动能力及自我管理能力等。（详见第六章）

三、开展小学班级活动的重要意义

与学科教学相比，小学班级活动的内容更加丰富，形式更加灵活多样，为小学生的身心健康成长提供了更为广阔的空间，同时也给小学班级建设带来了勃勃生机。

（一）有利于促进学生身心的全面发展

活动是人类存在的基本方式，小学班级活动对学生的身心健康成长起着至关重要的作用。在班级活动中，学生广泛地接触自然、接触社会、接触科学技术、接触文艺和体育，活动空间大，人际交往多，有助于认识自然、了解社会，掌握更多的技能和本领，在德、智、体、美、劳诸方面得到全面发展。如富有教育意义的主题班（队）会，能增强学生的道德情感，加深道德认识，培养学生良好的道德行为；积极主动的学习活动，能够提高学生的智力水平，掌握正确的学习方法，培养良好的学习品质；丰富多彩的文体活动，能够培养学生感受美、欣赏美的能力，增强学生体质，提高运动技能水平；带有神秘色彩的科技活动，能够引起学生探究科学奥秘的浓厚兴趣，激发其好奇心和想象力，培养其科学意识和科学精神；手脑结合的社会实践活动，能够丰富学生的社会阅历，获得积极的社会体验。因此，多样化的小学班级活动，带给学生更多的选择机会，不仅体现了以学生为主体的教育精神，同时也有利于学生身心的全面健康发展。

（二）有利于促进学生的个性发展

小学班级活动在注重学生全面素质发展的同时，也强调学生的个性发展。小学班级活动就像个小舞台，学生通过班级活动与周围人或环境发生着这样那样的联系，实现由"自然人"向"社会人"的转变。在这个转变过程中，其个性也得到了充分的培育和发展。如前所述，小学班级活动具有差异性，这决定了班级活动的内容和形式也必然要遵循学生的个性特征。班级活动为学生提供了各种各样的锻炼自我、展示自我的机会，促进其智能和个性的有机结合。如江都市郭村小学二年级一班曾经举行了一次"小能人，露一手"的主题中队会，通过歌曲、小品、比赛等方式让学生了解劳动最光荣，要养成热爱劳动、珍惜劳动成果的习惯；同时还安排了电子琴表演、古筝表演、舞蹈表演和钢琴表演等，让学生充分展示自我，显露自己的本领。

（三）有利于构建良好的师生关系

小学班级活动是在班主任指导下，以班级为单位为实现班级教育目标而进行的各种教育教学活动。与课堂教学强调的师生互动不同，班级活动中师生双方有互动，但没有明显的依存关系。小学班级活动的教育性和自主性，要求教师对学生的影响存在于整个活动过程中。学生是活动的主体，教师可以根据学生发展的实际情况提出建议，并帮助修正，教师以引导者和帮助者的身份出现，而不是以参与主体的身份存在。在这样的活动氛围中，师生之间是民主的、平等的、和谐的。

（四）有利于建设良好的班集体

班集体是班级成员为实现班级奋斗目标在参加共同活动中形成和发展起来的。一般情况下，班集体的形成依赖于有益的班级活动。试想一个班级如果不开展或是很少开展各类活动，那么班级整体的奋斗目标难以实现，集体荣誉感也难以建立，是永远不可能成为一个真正的班集体的。相反，有了班级活动，学生就会精神振奋，积极参与，在交往、团结和互助中体会集体的存在，关心集体、愿意为集体贡献自己的力量。从另外一层面上来看，班级活动也有利于树立集体奋斗目标，在活动组织和实施过程中，形成坚强的领导核心，正确的舆论和良好的班风，这些都是良好班集体建设不可或缺的重要内容。可以说，班级活动是班集体的血液，没有活动就没有集体，班集体是在班级活动中形成、发展和完善的。

一副有"教育意义"的对联

一次新年晚会，我给班级写了这样一副对联："51颗心心心相印，51人人人争光"，横批是"51=1"。有的同学对这副对联不太理解，说："我们班50名同学啊！"我说："你们想想，还有另外一个人跟你们朝夕相处啊！"马上有几个同学恍然大悟："还有我们班班主任老师！"我说："对了，咱们的班级就是我的集体，离开了这个集体，我的工作就没有意义了。"我又问："51为什么等于1呢？"同学们抢着说："51包括我们的老师，这可不能忘了；等于1就是51个心向一处想，劲儿往一处使，拧成一股绳，是一个集体。"我高兴地说："讲得太好了！51不是50，更不是49，缺一个就不是完整的集体。"（资料引自：全国中小学教师继续教育网. http://elearning.teacher.com.cn "班级活动的设计与组织"。）

（五）有利于素质教育的有效实施

素质教育是一种以提高受教育者诸方面素质为目标的教育模式，它不仅重视思想品德素质的提高和智能的开发，更重视受教育者能力的培养和个性的发展。小学班级活动在小学

生身心发展特点的基础上，合理科学的设置和安排，有利于实现素质教育的基本要求，促进个性和身心的和谐发展，全面提升小学生的综合素质。尤其是在当前新课程改革背景下，学生的学习方式和方法、教师的教学方式和方法都在不同程度上发生了巨大的变化，小学班级活动的内容比以往更加丰富，组织形式更加多样化，设计方法也更加灵活多变，这些都使小学班级活动取得了更大的实效，更能够体现综合实践活动课的教育目标，进而体现素质教育的根本要求。

第二节　小学班主任在班级活动中的角色定位

班主任是全面负责一个班级学生的思想、品德、学习、健康和生活等工作的教师的总称。小学班主任工作内容琐碎，面对的又是身心正处于发展阶段的少年儿童，要想成为一名受学生爱戴、家长信赖的好班主任确实不容易，工作也比较艰辛。在小学班级活动中，班主任更要把握好自己的角色，充分履行自己的职责，将活动设计好、组织好、开展好。

一、小学班主任是班级活动的策划者

小学班主任首先应该对班级的整体活动做好规划，把

握好全局。在设计具体活动时，要特别着眼于整体，注重活动内容的针对性和系统性。要注意活动与活动之间的衔接和相互影响，选择那些主题鲜明、新颖、时代性较强的，能够对学生产生深远影响的活动。也就是说，小学班主任在开展班级活动前，要有建筑家的图纸、剧作家的头脑、画家的眼睛、音乐家的灵感和导演的天分，将班级活动整体策划和设计。

例如在班集体的组建阶段，通常采用一些简单的、有趣的、需要学生之间适当互相帮助的活动形式，如座谈会，音乐会、电影讨论会等等，使学生从活动中体验个人与集体、个人与他人的关系，缩短学生之间的感情距离，融洽学生之间的关系；在班集体的形成阶段，通常采用互助小组、组际或班级体育比赛、为患病同学送温暖等活动形式，把个人的发展与班集体的活动统一起来，培养学生的集体荣誉感、责任感、自豪感；在班集体的成熟巩固与发展阶段，通常采用系列主题活动的方式，进一步培养学生作为集体一员的主人翁责任感、荣誉感，培养学生自主、自立、自理的能力，发展学生的想象能力和创造能力。

二、小学班主任是班级活动的指导者

小学班主任不是班级活动的全权管理者，而是指导者和引领者，负责指导学生做好具体活动的设计。如某一项具体

活动的内容、形式、方法、时间、地点等等，对每一个环节都要事先做出周密的计划和安排。同时，在具体实施过程中，由学生自己去操作，而教师则要时刻发挥指导作用。例如当活动中出现偶发事件，学生无法合理解决时；当活动进程与活动计划出现偏差的时候；当活动受到外界干扰，导致活动无法正常进行的时候等等。小学班主任在面对上述情况时，要保持冷静的头脑，遇事不惊，积极引导，科学指导，化解困惑和危机，确保活动的顺利进行。

例如小学一年级学生刚刚入校，对周围的环境和人还不是很熟悉，容易产生不安全感和孤独感。为了增进同学间的感情，教师组织了一次以相互交流为目的的"找朋友"活动。通过活动，不仅让学生对新入的班集体有所了解，同时对班级同学有所了解，帮助他们拓展自己的朋友圈，提高班集体的整体向心力。在活动中，教师发现有几个性格内向的学生，既不主动介绍自己，也不主动参与游戏活动，于是老师请班级里几个性格外向的学生主动邀请那几个内向、不善表达的同学，以带动活动的整体气氛。特别在找朋友的游戏环节中，让这些外向的同学主动选择内向的同学，加强了同学之间的友情，也增强了内向学生的自信心。

三、小学班主任是班级活动的组织者

班主任是班级活动的组织者，要善于充分了解学生，发

掘学生的特长，激发学生的兴趣，组织学生积极参与活动。班主任要善于从学生实际出发，帮助学生选择适宜的班级活动项目，协助学生确定活动的具体形式和主要内容，并为学生参加活动提供必要的条件，以保证活动的有序开展。

班主任要善于将班干部组织起来，进行明确分工，这样既能锻炼班干部管理班级的能力，同时又能使每件事情井井有条。特级教师魏书生认为选拔班委要注意三个条件：一是要有组织能力；二是要心地善良，胸怀开阔；三是要头脑聪明，思维敏捷。班干部是班主任的得力小助手，班主任要相信班干部，要适度放手让班干部去协助班主任进行班级活动的管理。

竞选班干部活动方案

青岛桦川路小学

一、班主任宣布竞选班干部活动正式开始。

二、全体起立，唱班歌，读班训。

三、宣布竞选本届班干部的选拔需具备的条件：

1. 有自控能力，能自我管理自我约束，既要管好自己，也能管好别人。

2. 遇事冷静，做事认真、负责、胆大、心细，与人交往诚实、守信，有很强的集体荣誉感。

3. 与人交往大方、从容，思考问题沉稳，头脑清楚。

4. 有较强的组织能力，乐于助人，有威信，处理问题富有原则性。

5. 吃苦耐劳，有爱心、耐心、上进心，主动关心帮助别人，不自私。

6. 与大家融洽相处，灵活沟通，平易近人，脾气好，对人和蔼可亲。

四、班主任宣布竞选职位、职责

1. 班长1名：全面负责班级各项事务，领导班委会开展各项工作。

2. 副班长1名：协助班长负责班级各项活动宣传工作，做好中队部各类宣传阵地的更换工作，定期更换黑板报内容。

3. 学习委员2名：管理班级各项资料档案归存工作，组织班干部进行学习，带领好课代表管理队员学习。组织同学们进行早、中午自习。

4. 文艺委员2名：负责主持班级内的艺术活动，组织好各项才艺展示及节日活动。负责办好前后黑板的工作。

5. 体育委员2名：管理好上下课、体育课队伍，管理好课间操，做好领操员。做好运动会的组织、报名、训练工作。

6. 劳动、卫生委员2名：宣传、管理卫生环保工作。做好常规卫生的检查记录。

7. 纪律委员2名：管理好早读、午学时的纪律，做好《学生行为规范》的评价工作。做好同学常规纪律的检查记录。

8.生活委员1名：负责班级午餐管理以及班级生活用品管理。

9.公物委员1名：负责班级公物如桌椅、钟表、电视等管理。

五、候选人抽签排号，按顺序进行竞选演讲。

1.竞选人展示:1~2分钟自荐演说；演讲稿的题目自定，内容主要从个人情况、竞选优势、竞选上岗后的工作打算三个方面来写。

2.投票选举。评分办法采取学生现场评分和评委老师打分以及学生投票相结合，最后根据投票情况并参照各候选人实际委任其职务，组成新一届中队委。

六、班主任宣布新一届班委会成员，班长代表新一届班委会发言。

七、班主任对新一届班委提出要求并颁发干部标志。

上述班级活动方案中，每个环节都能体现班主任的工作意义和价值。班主任对班干部的选拔和评价标准要有前期的预设，对整个选拔的过程要进行全程的指导、组织和监督。同时，班主任要力争让每一个学生都参与到班级活动中来，给每一个学生提供平等的展示空间和舞台，让每一个学生都能感受到集体的成就和个人的成功。

四、小学班主任是班级活动的参与者

小学班主任不仅是班级活动的策划者、指导者，同时也是班级活动的积极参与者。有了班主任的积极参与，学生们的热情和主动性就会更强，班级整体的氛围就会更好，师生关系就会拉得更近。尤其是小学低年级段，学生的各方面能力还不够强，班主任更要亲自组织，积极参与，为学生树立榜样，为学生引路领航。如班级举行文艺晚会、联欢会或主题班（队）会时，班主任不仅要组织学生前期准备，事先排练，同时也要积极参加，准备好自己的节目，融入学生群体，体会活动乐趣。

"我爱母校"庆六一主题中队会

目的：

1. 自娱自乐，庆祝节日；

2. 让学生在活动中得到一次综合素养的锻炼与提高；

3. 增强同学友情、师生亲情、爱校真情。

形式：小组竞赛式、节目表演式。

过程：

一、准备阶段：（略）

二、活动阶段：（中队仪式略）

1. 激情引入，《大家一起来》

A.甲：同学们，我们在新兴小学学习整整六年了，

乙：还有一个月时间，我们就将小学毕业，

丙：六年的学习生活留给我们多少美好的回忆，

丁：今天，我们将在母校度过最后一个儿童节，

齐：我们感到无比的快乐，无比的幸福。

B.甲：为了使这个节日过得更有意义，更加令人难忘，

乙：我们六（1）中队会特举行以"我爱母校"为主题的庆六一活动，

丙：我们将用歌声用舞蹈来表达我们对母校——新兴小学的热爱，

丁：我们将用小品用游戏来表达我们对集体——六（1）中队的留恋。

2.舞蹈比赛：（略）

3.互动游戏：《踩气球》

4.老师节目：诗朗诵《露珠的自白》

5.特长展示和献礼

A.甲：老师把自己比作一颗露珠，平凡而圣洁，渺小却很伟大，

乙：我们在老师如雨露般的浇灌下增长知识，

丙：我们在老师如雨露般的哺育中健康成长，

丁：在老师无尽的关爱呵护中，我们从一个不懂事的蒙童即将成为一名小学毕业生。

B.甲：同学们，今天是个特殊的节日，

乙：让我们用特殊的方式，表达我们对老师的敬爱，对母校的真情。

丙：使出我们的浑身解数，拿出我们的看家本领，尽情展示，真诚表达。

丁：请看各队的小能人特长展示。（略）

6.智力比赛：《凑24》。汤老师主持。

7.小品比赛。

8.游戏：《表演猜》。

甲：我们在教室里学习，在操场上锻炼，在办公室里聆听老师的教诲，在食堂里就餐。我们在学校里的生活丰富多彩。

乙：为了增强我们对学校生活的回忆，下面进行游戏《表演猜》。

丙：每组选一题袋：《教室》《操场》《办公室》《食堂》每个题袋里有相关的名词术语。

丁：每组选出2人，一人表演一人猜，三分钟内猜对词语多的队获胜。

甲：我们请汤老师和李老师先给大家作示范表演。

9.自选节目表演和点将表演赛。

10.欢乐互动：《假如幸福的话拍拍手吧》。

11.尾声：齐唱新兴小学校歌《我们是初升的太阳》。

三、结束（中队长主持）（略）

（资料节选自：http://blog.sina.com.cn/s/blog_473672080100h74j.html）

上述案例中，从活动准备到活动结束整个过程都有班主任老师的积极参与。如前期节目的安排、竞赛题目的设计，活动中老师的节目表演，以及智力比赛中老师的主持和游戏中老师的示范等，都有班主任老师的身影，营造了良好的班级活动氛围，激发了学生的热情和主动性，圆满地实现了主题队会的活动目的。

五、小学班主任是班级活动的评价者

班级活动过程的结束并不等于教育过程的结束，教育过程是连续性的。在小学班级活动中，由于小学生的认知水平还处在较低层次，他们往往只能看到事物的表面现象，而看不到事物的本质。小学生往往喜欢凭借自身的喜好、兴趣来进行评价，缺乏客观的标准和理性的分析。表现在行为上就既有积极的，又有消极的。在这种情况下，就需要班主任老师在班级活动结束后进行及时总结与评价，如活动是否取得了预期效果，成功表现在哪些方面，原因是什么；如果是不足，又表现在哪些方面，今后应该如何避免和进一步改进，以启发和引导学生进行科学分析和评价。班主任的事后总结和评价工作，不仅是对一次活动结束的点评，同时也是后续

活动开始的基础。

全国特级教师丁榕说过："班主任一定要会开展班级活动——这是做好班主任工作的基本功。"那么，什么样的班级活动是好的？如何评价呢？作为班主任老师，要想对班级活动进行科学的评价，首先要看班级活动的目标是否明确。班级活动目标是班级活动开展的前提，也是进行班级活动评价的重要标准。漫无目的地开展活动，或是为了活动而开展活动，只能是徒劳无功。其次，要看班级活动的内容是否合适。班级活动可以解决多种多样的班级问题，在设计活动时，班主任一定要选择适合学生身心发展的、与学生生活密切相关的内容。只有这样，才能体现出活动内容的科学性、规律性和有效性。第三，要看班级活动的形式是否新颖。活动主题一旦确立下来，如何加以展示和组织就显得异常重要。一成不变的、传统老旧的方式肯定不能吸引学生的兴趣，也起不到预期的效果。所以，活动形式要力求新颖，要力求科学性和艺术性的有机结合。第四，要看活动效果是否达到。这里所说的效果，不仅仅是活动是否顺利开展，同时还体现为活动的教育意义和价值是否得到完美的体现。有没有激发学生的兴趣和热情，有没有发展和完善学生的个性，有没有教育意义和精神内涵等等。

第三节 案例分析与思考

任小艾的班主任工作艺术

任小艾的班主任工作艺术，主要在于"一则"、"二感"、"三言"、"四通"、"五心"、"六法"。

"一则"——就是一条教育原则：教育家爱默森说过一句话：教育成功的秘密在于尊重学生。谁掌握了这把钥匙，谁将获得教育上巨大的成功。以爱动其心，以言导其行。

"二感"——就是教育的责任感和使命感。就是对于你的本职工作你要有责任感，对教育的事业你要有使命感。所谓责任感就是你的良心。所谓使命感就是站得高看得远。教育是超前性的，你必须想到你今天的学生在未来能否用他的双手撑起中国头顶上这片蓝天。

"三言"——就是三句话：第一，对班主任工作，要求自己做到"没有不合格的学生，只有不合格的教师"。第二，对你学科教学，要求自己做到"没有教不会的学生，只有不会教的老师"。第

25

三，借用陶行知先生的一句话：教师最大的成功与快乐是培养出值得自己崇拜的学生。

"四通"——第一，通晓班主任工作。干一行通一行，你要对你所从事的班主任工作通晓。第二，通晓学科教学。学生不会因为你班带得好而课教得差而原谅你；也不会因为你课教得好班带得差而迁就你。第三，通晓相关学科。除了教育教学以外与做人相关的，你都要有所了解。第四，通晓教育科研。

"五心"——第一，爱心。没有爱就没有教育。教师要有爱心。第二，信心。有一个公式：信心＋实干＝成功。第三，专心。专心致志地做一件事。一个人如果在一个岗位上专心致志地做上几年、十几年、几十年，一定会取得成功。第四，恒心。教师必须持之以恒地做你的工作，不能够半途而废。这个世界上没有人能够打败你，能打败你的只有你自己。第五，虚心。在什么情况下都要保持一个向别人学习的心态。那么你就能够永远地不落伍。

"六法"——六个教育的技巧。第一个技巧是"优良环境的感召法"。所谓优良环境，就是指自然环境和人文环境。自然环境就是指优美的校园，和谐的班集体。人文环境就是指师生关系和生生关系。师与生之间是民主平等和谐朋友加同志式的关系。生与生之间是互助合作平等的关系。第二个技巧是"虚功实做的导行法"。虚是虚实的虚，功是功能的功。第三个技巧是"捕捉兴奋点的磁性法"。善于捕捉学生兴奋点的老师，你的班主任工作能产生磁性，能深深吸引住你的学生。第四个技巧是"抓住教育时机的功倍法"。善于抓住教育时机的老师，你的班主任工作常常产生事半功倍的效果。第五个技巧是"三位一体的互促法"。就是指班主任老师能不能调动起学校、家庭、社会三者的力量，使三者成为一个整体共同参与教育，说起来难，做起来并不是很难的事。第六个技巧是"自我教育的内驱法"。列宁曾经说过：人类最高境界的教育是自我教育。怎么让孩子在学校完成由他律到自律，这是班主任教师最重要的一项工作。

【参考资料】

1. 詹姆斯·多伯森——《施爱与管教的艺术》

2. 阿莫纳什维利——《孩子们，你们好》

3. 阿德勒——《儿童的人格教育》

4. 雷夫·艾斯奎斯——《第56号教室的奇迹》

5. 罗恩·克拉克——《优秀是教出来的》

6. 陶行知——《陶行知全集》

7. 李镇西——《爱心与教育》

8. 魏书生——《班主任工作漫谈》

9. 朱永新——《中国著名班主任德语思想录》

10. 王晓春——《教育的智慧从哪里来——点评100个教育案例（小学）》

班主任必备丛书

11. 万玮——《班主任兵法》

12. 张万祥——《班主任工作创新艺术100招》

13.《班主任》杂志http://www. banzhuren. com

14.《班主任之友》杂志http://www. bzrzy. cn

15. 班主任工作网http://www. banzhuren. cn

【思考题】

1. 名词解释：小学班级活动。

2. 小学班级活动有哪些特点？

3. 为什么要开展小学班级活动？

4. 小学班主任在班级活动中扮演哪些角色？请根据工作实际，就其中一项进行详细论述。

第二章　小学班主任主题班(队)会活动策划与组织

主题班(队)会是小学阶段重要的德育阵地。有效地开展班队会不仅能够对学生进行思想道德教育,同时还可以对学生进行心理健康、安全意识、自我管理等方面的教育。策划与组织班(队)会是班主任日常管理中最为重要的工作,也是培养特色学生、特色班级的基础。

第一节　班(队)会主题的设置

主题班(队)会是围绕一个专题开展的班(队)会活动,主题的设计对一节班(队)会的最终效果有着非常重要的影响。在设计活动主题时,班主任可以根据不同的目的、风格、形式、内容、学情、班情等实际情况具体设置。

一、主题班（队）会活动的基本类型

（一）体验型班（队）会

体验型班队会的最大特点是让学生耳闻目睹、亲身参与、产生真情实感。这样可以使学生对主题深入体验、理解，从而将主题思想进行内化吸收。

如小学低年级的"我爱劳动"主题班会上，通过洗红领巾、洗手绢、叠衣服等活动，让班主任和学生们一起体验，总结劳动方法，培养良好的劳动习惯。

中年级的"感恩母爱"主题班会，由照顾一枚鸡蛋而引起的感恩母爱，通过问答反思自己对母亲的了解、母爱在生活细节中的体现等等，从而激发学生内心深处对母亲的感激之情。

高年级的"学生是否应该拿手机——激情辩论"主题班会，由学生实际生活出发，通过体验使用手机与不使用手机的学习生活的区别，从而引发话题。学生组建辩论组，组织整理各种材料，班会上唇枪舌剑、你来我往，是非结果已不重要，重要的是过程中学生学会了辩证地看问题，从生活实际出发正确面对新生事物，掌握自己的生活，增强自控能力，学会接纳他人的想法等等。

（二）表演型班（队）会

表演型班（队）会是现在进行班（队）会展示时常用的形式，通过前期的准备，在表演的过程中可以提高学生的语言表达能力、心理素质，增强学生的自信心和集体荣誉感。

如"我型我秀"主题班会，班主任通过前期调查了解学生特长情况，将有特长的学生分为一组，进行展示。没有特长的学生分为一组整体排练节目，朗诵、模特走秀、小品、手工制作等，让每一位学生都有所展示，提升他们的自信心，鼓励每一位学生在学习之外找到自己的兴趣爱好，为快乐人生打下基础。

除了才艺展示外，这类班（队）会还可以通过课本剧、话剧等形式来加以展示。如某校五年级班主任组织了一次课本剧表演，剧名是《将相和》、《草船借箭》、《景阳冈》和《猴王出世》。在教室中央，班主任老师提前安排好场景和道具，如诸葛亮要用的扇子、猴王要用的"金箍棒"等。学生参与的积极性很高，整个班队活动过程笑声一片。

（三）讨论型班（队）会

讨论型班（队）会是大家对一个问题的深入探讨，需要前期准备所持观点的论据，所以较适合中高年级进行。学生通过辩论、探讨可以交换思想，开拓解决问题的思路，同时也是教师了解学生思想动态的好时机。例如想要开展爱国主

义情感主题班（队）会，就可以从以下几个方面入手：

爱国主义情感的主题

类　型	项目名称
学业问题	中学生为什么要努力学习，树立远大理想？结合当前的学习实际，谈一谈中学生如何积极履行受教育的义务。
生活问题	什么是爱国行为规范？生活中，如何落实爱国行为规范？探讨"小家"和"大家"的关系等。
认识社会规范和处理社会冲突	公民有哪些权利与义务？如何遵守社会规范，做守法公民，促进社会和谐？
关心与参与社会实践	为什么要积极参加社会实践活动？在社会实践活动中有哪些不良的现象存在？
自我反省	是否关心国家大事？是否了解基本的社会规范？是否能够做到遵纪守法？

（四）"即兴式"班（队）会

"即兴式"班（队）会的特点是当场随机选定主题，由队员自己设计，自己组织。适合在高年级中开展，是对学生的自主、自动和创造力的一种考验和锻炼。

例如一次课间休息时，五年级的一个女同学告诉班主任老师："老师，那个男同学有意摸我的手。"于是老师就针对小学高年级学生的年龄特点上了一节"身体红绿灯"即兴班会，让学生讨论身体的哪部位是"绿灯"可以接触，身体的哪部位是"红灯"不能接触。通过讨论，让学生明白同学间要互相尊重，不要闯身体的"红灯"。

（五）综合型班（队）会

综合型班（队）会是集体验型班（队）会、讨论型班（队）会、表演型班（队）会、即兴式班（队）会为一体。综合型班（队）会的准备周期较长，适合作为综合展示活动或班（队）会评比中使用。

二、班（队）会主题的确定

主题是一节班（队）会的中心思想，学生通过主题的确定能够了解班（队）会的中心思想。主题的确定要具有思想性、针对性和时代性。

（一）根据学生的思想动态拟定主题

这类主题的确定需要班主任善于在班级管理过程中发现问题，这个问题往往是在学生中具有普遍性的问题。通过开展班（队）会，让队员们自己寻找解决问题的方法。如现在的学生大部分都是独生子女，以自我为中心，这时活动的主题可以拟定为"寻找身边的友谊"、"集体中的'我'"、"找朋友"、"你真棒——寻找'他'的优点"等等。

（二）根据学生的校园生活拟定主题

这类主题的确定成功与否在于班主任是否"潜伏"于学生的生活之中，不仅用心观察他们，更要体察他们的需

要，这样才能找到无穷无尽的班（队）会主题。如学生喜欢做手工、折纸等，班主任就可以适时开展"纸的多彩变化"、"'纸'不住的变化"等主题班（队）会。

（三）根据时代需要确定拟定主题

小学阶段是少年儿童人生观、价值观、世界观形成的关键时期。在我们国家班级更是一个中队，它更多的需要肩负着党对少年儿童思想方向指导的作用。班（队）会主题的设置更要紧跟时代的步伐，以国家领导人对少年儿童的殷切期望为指导，开展不同主题的班（队）会活动。结合"八荣八耻"的内容，开展"知荣辱树新风做文明小学生"为主题的中队会；结合胡锦涛主席提出的"四好少年"的内容，开展"争当四好少年"、"星级少年在成长"、"四好少年记心间"等为主题的中队会；结合红色文化进校园，开展"唱响红歌"、"诵读红诗"、"红色的印记"、"红书诵读"等系列主题班（队）会活动。

三、常见的班（队）会主题

爱国	爱队	爱校	爱党	行为习惯	爱读书	爱科技	健康安全	绿色环保	其他
祖国发展我成长	少先队员"时刻准备着"	这里的校园色彩最绚丽	农村娃的爱党情	我爱文明礼仪三字歌	走进佳作	从小学科学快乐你我他	安全护我行 自己能	明绿呼唤的天色	不和骄傲交朋友
和新中国一起成长	让队旗伴着党旗高高飘扬	美丽的校园我的家	知党爱党信党颂党	让谦让架起友谊的桥梁	读书小状元	爱科学学科学用科学	学做自己的保护伞	球我家的地们园	我爱刷牙

爱国	爱队	爱校	爱党	行为习惯	爱读书	爱科技	健康安全	绿色环保	其他
祖国之最	"红领巾"我为你自豪	我爱我校我爱我师	全心全意跟党走	知礼仪见行动	书香名人伴我成长	用科学的眼睛看世界	珍爱生命安全第一	让我做一片绿叶	拥抱亲情
祖国在我心中	永远飘扬的队旗	爱校之行起于今朝	党是太阳我是花	文明的力量	我爱读书我会读书	走进科学奇迹	让我们一起微笑	一滴水从哪里来	做个诚实的好孩子
弘扬民族精神爱我中华	我为队旗添光彩	××校园我的家	红领巾心向党	友善生和谐，文明是美德	一路书香伴我行	插上科学的翅膀	"手"筑健康——洗手主题班会	"我意保"——我保环设计赛	小能人露一手

爱国	爱队	爱校	爱党	行为习惯	爱读书	爱科技	健康安全	绿色环保	其他
我为祖国妈妈过生日	让了你——少先队	共建美丽校园	唱响红色歌曲	争做文明礼仪小学生	读书好读好书好读书	借我一双慧眼	我是健康小卫士	我为小树当妈妈	团结就是力量
国家	少先队礼仪最美丽	校园三部曲	忆党史感党恩做好接班人	做文明的我	我和书本有个约会	太空我们来了	××安全常识竞赛	小小一张纸	劳动换来幸福果

爱国	爱队	爱校	爱党	行为习惯	爱读书	爱科技	健康安全	绿色环保	其他
我爱你中国	快乐的中队	人在校园中如在画中游	做党的好孩子	我和文明握手	和爸爸妈妈一起读书	神舟飞天我为你自豪	防患于未然 共创平安校园	人类的朋友——动物（植物）……	我想表演快乐成长

第二节　班（队）会内容的设计

一、班会和队会的区别

班主任在布置活动时，经常会说："我们要召开××班（队）会"，其实这是一种错误的说法，或是班会、或是队会，两者在程序与性质上都有着区别。

（一）主题班会的程序

主题班会的程序较为自由，活动开始安排有班长讲话，活动结束时可以由班主任或班长总结活动情况。活动的过程中形式多样、内容丰富，少了队会的仪式感，更能体现队员的自主、创新，适合学生自己组织开展。低年级可以由班主任协调组织，中高年级可以由班委会自行组织开展。

（二）主题队会的程序

大、中队会仪式是少先队的基本仪式，仪式分预备部分和正式部分，班主任在队会活动中属于辅导员的角色。这里以中队会为例：

1. 预备部分

预备部分包括集合队列、整理队伍。举行中队会时由小队长向中队长报告人数，再由中队长向中队辅导员报告人数，报告人与接受报告人对答声音要清楚洪亮。例如：

小队长（面向小队成员）：第×小队，全体少先队员立正。（向后转，跑向中队长），报告中队长，我小队共有少先队员××名，全部出席（事、病假几人，其余全部出席），报告完毕。

中队长：接受你的报告，请继续报告。（最后一个小队报告后答：接受你的报告。）

小队长跑回小队前，面对队员说：稍息。

中队长：报告辅导员老师，我中队共有少先队员××名，全部出席（事、病假几人，其余全部出席）。××中队"××××"队会准备就绪，请您批准我们开会。

辅导员：批准你们开会，并预祝本次队会圆满成功。

（报告过程中，报告人和被报告人互相敬队礼）

2. 正式部分

全体立正；

出旗（奏乐、敬礼、礼毕。全体队员必须立正目送队旗行进）；

唱队歌；

中队长讲话，宣布活动内容；

进行活动；

辅导员讲话（活动结束后的简短讲话）；

呼号（辅导员：准备着为共产主义事业而奋斗！队员答：时刻准备着。）；

退旗（奏乐、敬礼、礼毕）；

队会结束。

以上是班会和队会在程序上的区别。此外在队会过程中，队员和辅导员老师在表演、讲话前后都要敬队礼，而班会则不需要。

二、班（队）会内容设计的原则

（一）目的性原则

一般说来，无目的性的行为便无成果而言，确立明确的目的是开好主题班会的首要前提。为什么要开主题班会，开主题班会要达到一个什么目的，这在班主任心中首先要清楚，然后把目的通过一定的形式贯穿下去。例如，为使刚入学的小学生尽快适应小学生的学习和生活，开一次以"我是小学生了"为主题的班会；为对学生进行爱国主义教育，开一次以"我爱祖国妈妈"为主题的班会；为激发学生的学习信心和热情，开一次以"寻找学习中的快乐"为主题的班会。那些无目的或有"模糊性"目的的主题班会非但不能产生多大的正面教育作用，反而会引起一些不应有的负面影响，随意性更是主题班会之大忌。那么如何确立主题班会的目的呢？

1. 把握主线。依据国家的教育方针，注重对学生的个性教育和德智体美劳诸方面的素质培养。

2. 穿插辅线。依据学校具体教育要求和班级的具体工作计划。每学期学校有个对本学期工作的具体部署和要求，班级针对存在的实际情况和需要解决的问题也有个班级计划，这都是主题班会目的的直接依据和主要依据。

3. 依据一定的社会背景和形势的要求。因为这方面的影响和在学生中的反应都是比较集中的和有一定力度的，因此不仅要考虑到这些影响的因素，而且还要利用和优化这种影响。例如，在当今的社会转型时期，人们的价值观念发生变

化，大部分学生都是独生子女，学生自私、社会各种不良信息的传播等等都在无形中影响了学生，使学生不能树立正确的世界观和价值观，作为班主任不可忽视这些负面效应对学生的影响，因此，通过一定形式的主题班会对学生进行正面引导，培养学生分辨是非、处理问题、人际交流的能力。

4. 依据学生的实际情况。不同年龄层次、文化层次的学生对问题的认识以及所关注的程度不一样，因此，主题班会的内容要区别对待，所达到的目的要能够使学生在心中产生共鸣并接受。

（二）主体性原则

主体性原则就是主题班会的展开始终以学生为主要活动者。教育的本身就是双边的活动，即教师要发挥主导性，学生要发挥主体性。主题班会是要提高学生的自我认识和自我教育能力，所以发挥学生的主体作用尤为重要。一次成功的主题班会，主要是靠学生参与的态度和创造性的发挥，学生的主动性越强，班会的教育效果就越好。所以班主任的工作是除了把握班会的方向和主题，提出设计的构想或构想意图以及为班会创造必要的条件外，还要做好以下两方面工作：

1. 如何启动和激活学生参加班会活动的兴趣和需要。班主任要做好这方面的工作需在主题和形式的选择上下工夫。主题上要贴近学生实际，是学生关心的、需要的，形式上要讲究新颖性、趣味性。例如，对学生进行法制教育，可一改过去法制理论课的形式，而采取由学生自己穿上制服的模拟法庭。只有当主题班会成为学生的需要并且感兴趣时，才能激起学生主动参与的欲望。

2. 在班会的准备、组织和开展中，班主任要充分信任学生，鼓舞学生和大胆任用学生。要把平日的教师讲台变成今日学生展示的舞台，这样学生通过自己准备、组织和参与，从中得到锻炼、提高认识，班会的目的也就会在自然中注进学生的认识和能力中。

（三）多样性原则

明确的目的是主题班会的灵魂，那么如何围绕主题开好班会，除了上面讲到的学生主体性的发挥外，以什么样的形式展开也是成功的主题班会不可忽视的问题。多样性原则即主题班会的形式是多样的。它包括两方面含义：一是主题班会本身形式的多样性，二是同一主题的班会形式的多样性。主题班会本身形式的多样性主要是指它有论理式班会、演讲式班会、交流式班会、文艺式班会、竞赛式班会、辩论式班会、实践式班会、模拟式班会等。同一主题的班会形式的多样性是指同是一个主题的班会可用不同的形式展开，这就要根据学生对象，学校现有条件。

班主任可选择一种最佳形式以达到最佳效果的班会形式。班主任在设计和组织主题班会时不能总是千篇一律的模式，要把内容体现于多种形式的活动里。激昂的辩论，有力的论理，热情洋溢的文艺活动，五彩缤纷的社会课堂，小发明小制作的展示等等。丰富多彩，寓教于乐，为学生喜闻乐见。这样能够使学生的思维力、想象力、创造力、鉴赏力以及他们的实际操作能力得到体现，起到综合教育的作用。例如，在向雷锋同志学习的活动中，宜采用实践性的主题班会；在澄清学生头脑中模糊性认识时，宜采用辩论式主题班会；在陶冶学生情操，展示学生才能活动中，宜采用文艺式主题班会等等。

（四）时机性原则

抓住时机对学生进行教育，这是教育活动中不可忽视的环节。所谓教育时机是在学生产生某种要求、或想满足某种需要或受到某种外界的刺激、或由于某种情感上变化、或由于某种生理上的冲动、他们一时心理失去平衡、处于某种"饥渴"状态的时候，在这种时候，学生心理矛盾尤为突出，形成了思想发展的一个"燃点"，这就是实施教育工作的最佳时机。这时实施教育活动，"内因"会由于"外因"而发生作用，能起到花少量时间取得更大效果的功效，所以班主任要善于捕捉和利用这一时机对学生进行教育，使主题班会的目的性发挥最大的功效。把握时机了解是前提，敏感地认清形势变化是关键，班主任要从平常中看出不平常，从可预见的变化，看出施加教育的契机。

（五）系列性原则

学校教育是一项系统性的教育，作为学校教育的一个组成部分——主题班会教育，也应该有一个系列性原则。所谓系列性原则是指班会活动的内容应该是一个相互衔接、由低到高的教育系列。首先，教育内容的层次是由低到高；其次，教育内容的衔接是循序和连贯的。概括地说可把这一系列分为大系列和小系列两种。大系列是指从学生的学习和思想发展的整体阶段考虑应该有个相互衔接、由低到高的教育内容。比如小学教育序列上要求：低年级重在培养学生行为习惯、文明礼仪方面；中年级重在通过各项活动培养学生的个人道德品质、明辨是非、安全自护；高年级着重于引导学生自我教育、自我疏导，培养心理韧性和独立意识，以良好的心理和状态去面对生活。所谓小系列是指为某一个教育目的的实现而层层展开的主题班会。例如，文明礼仪教育、安全自护教育、环境保护教育、感恩教育等系列的主题班会教育内容。

以上是班主任召开主题班会应遵循的原则。目的性原则是灵魂，是统帅；主体性原则、多样性原则和时机性原则是

目的性原则得以实现的有力保证；系列性原则则是为主题班会提供总的方向和为目的性原则提供依据和内容的。

三、班（队）会活动设计的注意事项

（一）要做好充足的准备

一节成功的班（队）会结束后，班主任老师常常感慨，其实班（队）会成功不在于最后呈现的几十分钟，而是在班会的准备过程中。在准备的过程中学生的积极参与、精心准备、克服困难、敢于挑战，班主任的悉心指导，家长的积极配合等在无形中对学生的成长起着积极的作用。

"爱护红领巾"主题班会

一、谜语导入：小小三角红而艳，革命烈士鲜血染，每天上学戴上它，人人争做好少年。

二、说现象

1. 拿出准备的红领巾，让学生说说有关红领巾的知识。

2. 说说平时你是怎么对待红领巾的。

三、了解红领巾知识

1. 讨论：红领巾为什么是红色的？为什么是三角形状的？

2. 小结：红领巾是红旗的一角，是无数革命烈士用鲜血染红的，是来之不易的。

四、谈感受

1．学生互相说

2．派代表说

五、戴红领巾，行队礼

1．教给学生如何佩戴红领巾

2．全体戴红领巾、行队礼

上面这个班会从整体上来讲，开得比较成功。由谜语导入，激发了学生的兴趣。通过对红领巾的知识的了解，学生从内心反思到自己的不足，体会到红领巾的重要。但是，班主任在做活动反思时，也意识到活动的前期准备不够充分。如果能够在解释红领巾是革命先烈用鲜血染红的同时，给学生播放 些革命战争的视频，让学生通过生动的影像体会解放军保护红旗的精神，再配上国歌，效果就会更好。

班（队）会的准备不仅仅是节目内容、道具等的准备，班主任更要和学生共同做好心理准备。尤其是汇报式的班（队）会，这类的班（队）会从班主任到学生都很重视，往往学校领导也给予很高的期望，这时班主任就要帮助学生做好心理准备，能够正确、乐观、积极地面对，处理好每一个细节，并学会在会后总结经验和教训，为以后迎接各项挑战做好准备。

（二）形式要新颖、活泼、富有趣味性

现在的学生喜欢追求个性、创新求异。为此，在班（队）

会设计之初一定要发动学生，集思广益，激发学生的想象力和创造力。班队会活动的内容和形式要富有趣味性。根据学生的年龄和心理特点，可以安排一些模拟活动、情境表演等。

在"如何保护动物"班会中，教师可以提前把教室布置成一个"动物世界"，黑板上贴上同学们收集的动物画片，在学生课桌上摆满各种动物玩具、标本等。有条件和时间精力的老师，还可以在教室天花板下垂吊几只"飞禽"，在录音机里播放此起彼伏的飞禽走兽鸣叫声，使学生仿佛置身于一个动物王国，这样的活动效果自然比单纯说教好很多。

在"如何做一个有礼貌的好儿童"主题班队会中，通过小品、相声、讲故事等情境表演使班会充满趣味，使孩子们在笑声中懂得如何使用礼貌用语。

在"我们爱自己的祖国"班队会中，可以引导孩子们模拟造铁路，造铁路乘"'中国号'小火车"上北京、游香港、游澳门，模拟造通往台湾的大桥，上台湾游玩等，这些活动妙趣横生、其乐无穷，深受孩子喜爱。

（三）要注重活动的过程

马克思主义唯物辩证法指出：一切事物的内部都包含着既对立又统一的两个方面。所以，在引导学生对一些有争议性的问题进行讨论时，不一定要直接告诉学生"对"或"错"。只要能激发学生对问题的积极思考、深入探究就达到目的了。

如六年级开展的"小学生应不应该带手机"这样一节主题班会上，学生们分为两组，进行了激烈的辩论。由于这个问题真实地发生在学生身上，他们对此有着深切的感受，因此正反两方都能有理有据地对自己的观点进行激烈的辩论。最后大家得出了一个结论：手机为我们的生活带来了方便，我们应该文明使用手机，才能将手机对我们学习的影响降到最低。班会过后，学生们共同制定了"手机公约"，在班级中也形成了良好的学风。

（四）要结合学生的心理、年龄特征

班主任在设计班（队）会时，更多的时候重视的是班（队）会最后呈现出来的效果，在设计之初对学生的心理、年龄特征往往研究得不够。不论设计的内容精彩与否，最后都是为达到教育目的而服务的，所以在设计时应更多地去考虑活动的内容是否符合学生的年龄特点，是否符合学生的心理特征。

低年级学生刚刚入学，对校园生活充满了好奇，对老师极度的信任，有意愿去遵守学校的规章制度，自制力较差。这时班主任老师在组织活动时就要多注意引导，对于学生的错误可以直接指出，但不要声严厉色地批评，而是明确地传递给学生是非观。在组织班（队）会过程中要注重培养学生

对集体、对少先队、对规章制度的认识，建立起学生的秩序感。班主任的话要简单明了，便于学生理解。经常有老师向学生布置了内容后，发现学生并没有去完成，如果耐下心来去问一问，你会发现其实孩子是没有明白老师让学生去做什么、怎么做。

中年级的学生开始有了自己的主见，但分辨是非的能力还是较差，对学校的规章制度、行为规范能努力地去遵守。学生之间在学习能力上的差异逐渐显现出来，喜欢评价与被评价。这时班主任在组织活动过程中，要多培养学生的组织能力、表达能力、评价能力等，让学生多参与到班级管理，树立集体荣誉感。从这时起，班主任要努力成为学生的朋友，多沟通交流，学会倾听，这样学生才会接纳老师的意见和建议。

高年级的学生社交能力较强，对社会上的各种现象都有自己的想法和认识，喜欢特立独行，自尊心进一步增强，希望大人不要把自己当小孩看，不满足于小学的生活，不屑去遵守学校的规章制度，部分学生出现厌学的情绪。这时班主任老师要多和学生做朋友式的沟通，任何问题都不要去直接否定学生的看法，而是要清楚地把自己的看法传递给学生，可以组织班级同学共同辩论、评价，让学生充分表达自己的看法，再加以引导和正确的评价。

（五）可以借助多媒体工具，加强直观效果

多媒体教学在近几年逐渐在城镇学校使用，在班队会内容设计时，班主任有了更多的素材可供使用，各种安全常识、历史资料、音乐美术作品等，我们都能从网络中获得。据研究表明，人们从听觉获得的知识能够记忆15%，从视觉获得的知识能够记忆50%，如果结合起来记忆的内容达到65%。因此正确使用多媒体工具能够促进学生接受观点，提高教育质量。

如在"浓浓亲情，何以回报"主题班会中，老师以母鸡带小鸡觅食，母燕喂小燕的片段作为动画片头，并播放《妈妈的吻》乐曲，然后播放母亲哺乳婴儿，妈妈关爱孩子的录像，《常回家看看》的歌曲，以及散文诗《亲情无价》等，通过多媒体影像进行串联表达。整个班会活动效果非常好，充分利用了计算机这个兼容性优秀的展示平台，提高了班会活动的容量和质量。

在"站在祖国的地图前"主题班会上，教师首先播放了一张中国地图的图片，然后播放了圆明园毁灭、南京大屠杀、新中国成立、卫星发射、申奥成功等录像片，以及《歌唱祖国》、《走向新世纪》等歌曲，令人心情振奋。通过这些生动的教学资源，激发学生的爱国情感，使学生在和谐的气氛中受到感染与熏陶。

第三节　班(队)会组织的五个策略

根据新课改的最新要求宗旨——"一切为了每一位学生的发展"，新课程倡导的课堂教学方式是"自主、合作、探究"，为了实践教学方式的转变，这一个课程的主要任务，实现学校教育的总目标——培养能够在未来社会生存与发展的合格公民。在多年的总结经验基础上，要转变"教师为主、集体教学、个体学习、目标单维、面向过去"的传统教学策略为"学生为主、个性教学、合作学习、目标三维、面向未来"的主题班(队)会的总策略。

一、以学生为主的主题班(队)会策略

所谓以学生为主的主题班(队)会活动主要是指学生学习用的，而不是教师讲授用的；主题班(队)会活动是学生表现用的，而不是教师表演用的；主题班(队)会活动是学生自主学习、合作学习、质疑解疑、个体表现、体验成功、自信快乐的地方，而不是教师完成"案例"的地方。也就是说主题班(队)会的大部分时间是学生自主学习、合作学习用的，教师在主题班(队)会上说话的机会要严格控制。

这就要求教师要有很强的组织和策划能力，把更多的机会让给学生，一节主题班（队）会教师持续主持的时间最好不要超过10分钟，一节主题班（队）会留给学生的合作学习、质疑解疑、个性教学、师生感情交流的时间不得少于20分钟，学生当堂训练的时间不少于10分钟。这就是主题班（队）会的课堂的基本结构，是一个导向性的课堂教学策略。

　　学生为主策略的实施，最大的阻力在于教师的班（队）会的时间观的更新，只有在相信主题班（队）会的时间主要是供学生学习交流用的，教师才有可能把尽量多的课堂时间还给学生。当然把课堂还给学生不等于让课堂成为放任自流的地方，而是要在教师认真地把主题班（队）会的教学设计以及适时的调整下有明确目标地进行。

二、个性化的主题班（队）会策略

　　所谓个性主题班（队）会，是相对于集体而言的，是老师把原本集体讲授的时间挤出来一部分让学生"自主学习"，特别关注学生的情感体验。比如：在进行《小学文明礼仪》主题班会的时候就要体现"以人为本"，关注人的自然发展。尊重个体的独特体验，这里所提到的"尊重个体的独特体验"，就是个性教学的本质特征。

　　个性教学包括四个特征。一是在自由的学习时间里，教师与学科小先生把主要精力用于指导小组学习或个体，解决

学生个体的具体学习困难，从而实现主题班（队）会的个性化教学追求。二是教师根据学生个体的实际情况，对学生进行学习策略与方法的指导，帮助学生寻找到最适合他们自身的特点的学习方法。三是个体指导还包括师生的感情交流与心理辅导等。四是培养有个性的、有独立思考问题的能力的、愿意表达独特见解的学生。

实现个性化的主题班（队）会唯一的选择就是要改变传统的课堂结构，精缩教师的集体授课的实践，把组织班（队）会的讲授大部分时间挤出来，让学生在活动中有统一的目标，又有不同进度与深度的个体学习。在个体学习的基础上，进行学习小组内与小组间的学习活动。另外，教师要从不同角度、用不同的标准去评价、激励学生，让学生有差异地、自信地成长，以真正实现班级主题班（队）会活动的个性化。

三、合作为主的主题班（队）会策略

所谓合作学习，是指学生利用同伴的力量来合作完成任务的一种学习方式。主题班（队）会活动中的合作是活动小组成员之间的合作、师生之间的合作等，在这里要特别提倡"小组长制"的培养与利用，在班（队）会中要大力推广的策略。就像马卡连柯先生提出的和大力倡导的"集体平行影响"发挥更大的作用。让更多的孩子在班（队）会上的能力

在原有的基础上有所提高，以改善后进生的积极向上的能动性，和在学校里的生存环境。

需要特别提出的是，在活动中合作学生的表现是:建立固定的活动小组，由学生选好学习小组长，充分发挥"学生之间的活动差异"这是班级主题队会的第一资源。学习活动小组在基础教育阶段特别是农村小学，互助功能比合作功能的体现尤为重要。

这里不妨强调一下，合作学习一定要在充分的、独立思考的前提下发挥活动学习小组的作用，小组长的督促作用，力争把最重要的主题班（队）会活动的反馈完成在活动内。合作学习在班级主题队会上，在教师的指导与巡查督促下，其功能会发挥得更好。

四、目标三维的主题班（队）会策略

所谓目标三维，是指教师所确定的主题班（队）会的教学目标应是三维的。即知识与技能，过程与方法，情感、态度、价值观的有机交融，相互促进。知识是人对客观事物的认识和经验总结，是能力和智力产生的基础，更是创新思维和创新能力之本，无知识就无所谓创新。技能是掌握和运用的专门的技术才能，由知识经过实践和训练转化而成的。过程和方法的提出是针对在活动中"轻过程，重结果"的现象而提出来的。实际上，知识形成的过程结果同样重要，是形

成学生思维能力的基础，应该避免"重过程，轻结果"的现象发生。情感是人对外界事物的肯定或者否定的内心体验和心理反映，所产生的喜怒哀乐就是态度，价值观就是对人和事物的积极作用的评价和取舍的观念。

因此，判断一位教师是否经验丰富，可以看他在班级主题（队）会上是否是纯知识点的传授，还是注重活动中师生感情的交流，活动氛围的营造，活动中激励手段的使用；是否告知学生结论，还是注意引导学生体验如何获得这个结论的过程；是否让学生就获得活动知识而已，还是把学到的知识变成了智慧。

一位有经验的教师，一定让学生在和谐的活动氛围下，把感情交流摆在信息交流之上，从培养师生感情交流入手，注意学生活动中学习动机的教育，活动学习目的意义的引导，养成学生认真活动的态度，勤奋学习的习惯，掌握科学高效的学习方法。

五、面向未来的主题班（队）会活动策略

所谓面向未来，是要努力把全世界存在的教育缺陷——"面向过去"转向"面向未来"。在主题班（队）会活动的内容方面有新意，有时代感。例如："企盼下一次奥运会"主题队会，"如果地震真的来了"等等。因此，教师在备课的时候可以充分利用报刊、书籍、电视、网络中获得新的知识、新的信息，补充到课堂之内，以不断更新过时的教材内容。

在教育追求方面，如果教师把教学目标仅仅定位于现在，那就是面向过去的教学活动，如果把培养能够在未来社会生存与发展的人作为教学目标，那么这种教师所主持的主题班（队）会，一定是可以帮助学生获得生存能力的，有助于学生离开校门后续发展的主题教育班（队）会。

在学生意识培养方面，要把培养学生的强烈的未来意识当作一项值得重视的活动任务来抓。要通过活动演讲、利用网络资源来把学生头脑中的未来意识唤醒，以弥补被日益淡忘的中华民族的危机意识。

如果教师能够坚定不移地贯彻"以学生为主、个性教学、合作学习、目标三维、面向未来"的主题班（队）会的总的教学策略，必将真正改变教师的教育教学活动，实现学生主题班（队）会方式的根本改变，让主题班（队）会活动变成每一位学生健康、快乐成长的乐园。一切为了每一位学生的发展，这个新课改的理念就有可能得到更好的贯彻和落实。

第四节　案例分析与技能指导

【案例1】

一、案例展示

低年段主题班会"发扬勤俭节约精神，争当四有新人"

步骤1：播放有关革命先烈勤俭节约的录像，让同学们体会勤俭节约的内涵

步骤2：分组讨论对勤俭节约重要性的看法并提出建议

步骤3：表演有关勤俭节约的小品，从日常生活贯彻思想

步骤4：班主任总结并提出勤俭节约的要求

二、案例诊断

活动设计忽视学生的生活体验。看上去班会主题明确、设计思路清晰，但在实际操作中却忽视了学生的生活体验。

三、技能指导

勤俭对于低年级的小学生来说是一个较为抽象的概念，在活动内容设计上要紧密联系儿童的生活实际，比如班

级的灯点一小时要耗费多少钱、同学人均拥有多少支铅笔、班级的纸篓里有多少是被浪费的纸等等，用这些看得见摸得着的例子去讲清楚什么是浪费，反之我们如果勤俭节约又会省下多少。简单的对比后，学生更能明确自己应该怎样做，经过了实践体验教育的效果一定会更好。

【案例2】

一、案例展示

班会"我是生活的小主人"

班主任：同学们，现在，大家根据自己的实际情况，制定一张放学后的时间安排表。

同学们认真填写，大部分同学没有安排玩耍和休息时间。

班主任和同学们共同交流了大家的安排，班会结束。一下课，同学们快速离开教室，没有人为下节课做准备。

二、案例诊断

任务驱动式活动，忽视了德育的实效。学生下课的十分钟时间都没有安排好，又怎么能让他们放学后合理安排自己的时间呢？班会内容设计过多停留于设计安排表，没有引导学生思考设计的原因、合理安排时间对学习和生活的影响，没有真正将班会

主题思想进行内化吸收,学生在实际生活中也没能主动落实。

三、技能指导

从学生生活实际出发,帮助学生注意到生活细节。如回忆自己每天都坚持做的事情、经常忘记做的事情等,然后提出解决方案。每人针对自己的问题提出解决方案,切忌高、大、全,一定从小处着眼,帮助学生形成秩序感,找到适合自己的生活规律。

【案例3】

一、案例展示

中年级主题班会"感恩父母"

班主任在活动设计中安排了这样的环节,大家讨论交流父母在我们生病时、学习进步时、放学晚归时的做法。大家踊跃回答,气氛热烈。一名同学回答:"我要是放学回家晚了,我爸就会打我,罚我。"老师一下愣住了,想了想说:"那也是个别家长这样,请坐,别的同学接着说。"这名同学只能悻悻地坐下。

二、案例诊断

忽略学生的真实感受,教师在活动中缺乏应变能力。

在班会设计之初，班主任就要将可能会出现的各种状况考虑到，班主任在理性上也认识到要引发学生内心的感受，但缺乏耐心去倾听学生的感受和想法，而是用自己的想法替代了孩子的感受。

三、技能指导

班主任一定要能够抓住各种契机，有一颗敏感的心，如果能在第一时间追问孩子被打的原因或引导孩子学会换位思考，借助突发事件，再次让所有同学感受到父母的爱，这样既达到了教育目的，又化解了尴尬。

【相关链接】

1. 少先队辅导员及其修养

[中队辅导员]指负责指导少先队中队委员会工作的辅导员。中队辅导员的主要职责是指导本中队少先队工作，协助中队委员会落实大队委员会提出的工作部署，制订本中队的工作计划，协助组织开展各种队的活动，协助搞好中队干部的选拔和培养，帮助中队委员会搞好对组织发展和队员的思想教育，定期向大队辅导员汇报本中队工作开展情况。

[辅导员条件]指少先队辅导员应具备的标准。团章和队章规

定：少先队辅导员应由共青团选派优秀团员或聘请思想进步、作风正派、热爱少年儿童的教师以及各条战线的先进人物来担任。

其具体要求为：1．政治上坚持党的基本路线，热爱祖国、热爱社会主义、热爱党、品行端正、作风正派。2．热爱少年儿童、热爱少先队工作，愿意献身于少先队事业。3．具有中等师范以上的文化水平，掌握教育基础理论和少先队工作的基本理论、方法和技能。4．具有热情活泼的性格，有多方面的兴趣爱好，有一定的创造能力、活动能力、组织能力和表达能力。为了给少先队工作积累经验，保持辅导员工作的稳定性，有些年龄较大，但非常热爱少先队工作的同志也可以担任辅导员。

[辅导员职责]指辅导员在工作中应尽的责任。辅导员的具体职责如下：1．辅导大、中队委员会和小队长制订并落实各项少先队工作计划，开展活动和工作。2．培养少先队集体、少先队干部和积极分子，关心他们的思想、学习和健康，发展他们的兴趣和特长。3．了解掌握少年儿童的思想、品德、学习、健康和生活等情况，并及时向党、团组织和学校行政反映这些情况。4．主动向学校、家长和社会各方面宣传少先队的性质、任务和作用，争取广泛的支持和帮助。5．大队辅导员要领导好中队辅导员的工作，经常了解他们的工作情况，听取他们的意见，帮助他们开展少先队工作。

[辅导员的修养]修养是个人在政治思想、道德品质和知识技

能等方面所进行的勤奋学习和涵养锻炼的功夫以及所达到的水平。辅导员应加强修养，以提高觉悟、陶冶情操、增强能力。这对做好少先队工作有着重要的意义。辅导员修养的基本要求是：热爱儿童、以身作则、认真学习、深入实际、培养能力。

2. 再疾呼：把少先队活动权还给队员

——有感石家庄外国语小学少先队活动"四环节"组织法

张小春

缘由：

河北省石家庄外国语小学不断创新少先队教育理念，自2009年开始，推出了少先队活动"四环节"组织法，即，在活动过程中，队员自己确定活动主题—自己确定活动内容和形式—自己交流展示活动成果—队员与辅导员一起评价活动效果，其核心就是少先队员自己当家做主。

不久前，来自河北省11个地市团委副书记和学少部长及172个县（区）总辅导员观摩了该校少先队活动，大家对全员自主的队会过程以及队员们精彩的自主发挥赞叹不已。我也不由地想起，上世纪80年代初期，在新创刊的《少先队研究》上，原团中央书记、少先队学会的创始人胡德华同志提出："把少先队还给少先队员——要真正让孩子们在自己的组织里当家做主。"在认真思考的基础上，我顺势再次疾呼：把少先队还给少先队员！

疾呼一：不能剥夺少先队员的自主权利。

这句话绝不是危言耸听，我们在工作实践中常常在自觉不自觉地做着"剥夺孩子们权利"的事。

胡德华同志的疾呼是一种"还权于童"的呼吁。联合国《儿童权利公约》和《中华人民共和国未成年人保护法》的颁布，说明国际社会和我们国家已经给予儿童权利的最有力支持。实际上，"以少先队员为主体"的主体化思想还远没有在少先队组织中广泛普及和真正落实，成年人在少先队组织中剥夺"孩子权利"、包办代替的现象随处可见。在1999年和2005年，全国少工委先后进行了两次全国少年儿童发展状况调查，一组组数据也认证了这种现象的存在。

如何才能把活动的自主权真正交给孩子呢？在石家庄外国语小学的少先队活动上，大家发现：队会的第一环节是"确定主题"。只见全体队员人人参与，积极发言，纷纷提出自己的想法，打破了以往由辅导员出题编词，少数人提前准备，多数人旁观陪衬，最后进行"演队会"的传统模式。围绕着观摩客人所给出的队会题目，各小队在热烈讨论的基础上，队员们选择了一个感兴趣的题目并说明理由，然后在中队以投票方式选定并提出补充意见，最终确定了此次中队会主题。全体队员呈现出"我选择我喜欢"的自主氛围，实现了把"队会活动的自主权"还给队员的第一步。

疾呼二：不能包办队员的自我见解。

提起队员的见解，我不由得想起一连串挂在他们嘴边的流行语："我的地盘我做主。"据说这些语句都是来自广告语。网上流传这样的故事：有人爬墙出校，被校长抓到了。校长问他：为什么不从校门走？他说：美特斯邦威，不走寻常路。校长又问：这么高的墙，怎么翻过去呀？他指了指裤子说：李宁，一切皆有可能……"一切皆有可能"这句流行语与其说的是李宁15年不断创新和积累的经商经验结晶，还不如说它告诉大家一个真理：事在人为，要相信自己，一切皆有可能。还有那句"我的地盘听我的"，出自周杰伦的歌词：在我地盘你就得听我的，把音乐收割用听觉找快乐，开始在雕刻我个人的特色……每句都彰显了现代人的个性。

队员们常说的流行语，表达了他们强烈的表现欲和渴望发表自己个人见解的心理需要。辅导员要在少先队活动中尽可能地满足他们的欲望和需求，给他们发表自己见解的机会和平台。

在学校里，孩子刚入学时，他们都希望早日戴上鲜艳的红领巾，渴望有一天能像大哥哥大姐姐那样面对国旗，在国歌中行队礼，成为一名光荣的少先队员。可是，随着年级的提高，红领巾的光荣感在他们心中日渐淡漠，出现了红领巾乱丢、漫不经心敬队礼等现象。究其原因，我认为是队员们没有从少先队组织中得到快乐的满足。

有调查数据显示，半数以上的少先队员对少先队组织不满意的原因在于：他们没有成为真正的队主人。由于辅导员经常包办代替，孩子们内心的想法和见解无处释放，甚至课表上的"班队活动课"也被教学活动吞食，造成队员厌烦和厌倦心理。队员们只有被动地接受教育，却没有"我的地盘我做主"的主人感。

而在石家庄外国语学校的队会现场，队员们确定了活动主题后，他们充分发表各自见解，各小队经过激烈讨论，达成了采用短剧、讲故事、朗诵、现场采访、倡议书等不同形式诠释队会主题的决定，并在小队长带领下开始了认真的准备……每位队员在自己感兴趣的天地中尽情投入、快乐地体验、充分地表现，在这样的活动中，队员能不快乐吗？队会能不精彩吗？

疾呼三：不能低估队员的自身能力。

中国几千年历史形成的"父为子纲"，以及由上一代人向下一代人接受的传承文化，决定了学生要向老师学习。但是，随着科学社会的飞速发展，出现了新的教育观念——"向孩子学习"，在一定程度上颠倒了社会中原本的教育者和被教育者的关系，也使我们毅然决然地说出"不能低估孩子"。

"向孩子学习"是一场教育观念的革命。尤其我们少先队工作者必须意识到，在社会文化的急剧变迁中，既有知识、生活方式的过时或被淘汰是历史的必然。而不被旧观念、旧模式束缚的孩子，凭着对新文化的敏感和认同以及接受信息能力的优势，所以"向孩子学习"也在情理和必然之中。向孩子学习，就不能低估孩子，就要看到孩子身上明显的优势与长处，这是少先队辅导员需要特别关注的问题，是实施"把少先队还给少先队员"的关键的思想基础。

自己的活动自己搞，自己的事情自己管，自己的伙伴自己帮，自己的进步自己争。我用中国少先队工作学会名誉副会长段镇同志关于少先队自动化的"四个自"来共勉：让我们为"把少先队还给少先队员"而齐心努力吧！

【参考资料】

1.《主题班队会案例精编》宁波出版社

2.《校园主题班会》四川文艺出版社

3.《小学主题班会设计与组织》湖南师范大学出版社

4.《开好主题班会感恩教育经典案例》电化教育电子音像出版社

5.《给小学班主任的建议：主题班会活动》新时代出版社

6.《少先队活动》

7.《少先队小干部》

8.《少先队活动大全》

9.《辅导员》

10.中国少先队网

【思考题】

1. 主题班（队）会有哪些基本类型？

2. 如何确定班（队）会的主题？

3. 主题班会与主题队会的区别及联系。

4. 主题班（队）会内容设计的基本原则有哪些？

5. 简述主题班（队）会组织的基本策略。

第三章　小学班主任学习活动策划与组织

　　学习活动是一种适应性活动，其特点是围绕问题（或有限知识点构成的问题）展开，突出学习过程，注重学习体验，通过创设动态、开放、知情共济的教学情境，引导学生生动活泼、积极主动地学习。新课程理念下的学习活动与传统课堂教学的学习活动有着显著区别，它更强调学习主体的体现以及师生间的交往和实践，更强调学习活动情境、活动动作、活动效果和活动体验有机结合。因此，新课程背景下小学班主任学习活动的策划，应以儿童现实生活课程内容为主要源泉，以密切联系儿童生活主题活动为载体，以正确的价值观引导儿童在学习活动中全面发展。

第一节 学习活动主题的设置

　　小学班主任在开展学习活动过程中，要力求选择儿童熟悉的、感兴趣的、有教育价值的内容作为活动主题。著名教育家乌申斯基说过："没有任何兴趣而被迫进行的学习，会扼杀学生掌握知识的意愿。"心理学家皮亚杰也曾说过："一切有效的工作必须以某种兴趣为先决条件。"可见，兴趣是最好的老师。小学学习活动中，教师若能关注学生的兴趣，及时捕捉教育契机，才能科学引导学生进行有意义的学习活动。一般情况下，小学学习活动主题可分为探究性学习主题和综合性学习主题两大类。

一、探究性学习主题

　　探究性学习是现代教育教学理念的集中体现。它通过特定的探究过程或探究过程的某些特定环节使学生受到科学熏陶，体会科学发展过程，从而提高学生的科学素养。探究性学习活动是一种模拟性的科学探究活动，是为学生体会科学探究而设计的教育性过程。鉴于以上原因，在选择探究性学习活动主题时，必须考虑到学生的兴趣、生活经验、知识基础和思维水平，以免异化探究性学习的价值。

（一）与学生的主体经验相结合，为学生设计志趣相投的主题

学生是有经历、有经验的人。寻找与学生主体经历和经验相贴近的活动主题，学生必然是感兴趣、愿意参加的，这就是经验学习。所谓经验学习，是以学生的经验增长为中心，以学生的自发性和主动性为动力，把知识的学习与愿望、兴趣和需要有机结合起来的学习过程，属于有意义的学习。有意义学习不仅是一种增长知识的学习，而且是一种把每个人的各部分经验都融合在一起的学习，它十分注重学习和个人的关系。因此，在选择探究性学习主题时，应从学生的主体经验和人生经历中去寻找与教学内容相贴近的内容。

如在二年级学习活动"我们身边的长度"过程中，教师与学生进行谈话："生活中的物体有大有小，有长有短。如果我们要想知道课桌面有多长怎么办呢？"同学们小声地讨论起来，一会儿有人举手说："用手量。"在他的带动下，又有几人举手，有的说："用文具盒量。"有的说："用书量。"顿时，同学们像打开了话匣子，举手的人越来越多，想的办法也越来越好。此时，老师接着引导："如果我们用手量，手有大小，我们用铅笔量，铅笔有长短，用不同的工具量，量的数量又不一样，那么怎样量更好些呢？"此时同学们兴致高涨，个

个急于探索新知。此时，让学生自行选择研究主题并展开探究比教师一条线式的依次讲解要好得多。在这样的学习活动中，学生可以根据自己的经验和知识基础进行再创造，通过老师的引导，对物像关系进行深入的探索。当然，学生的研究方法可能略显单一，研究结果也未必是最准确的，但这些毕竟是自己发现和探索的，学生收获的是探究过程中的真实体验。此外，探究过程中师生间、生生间还有及时的沟通和交流，这有利于大家集思广益，有更多更新的发现。

（二）聚焦学生的感性视野，为学生设计感性的探究主题

小学学生正处于感性年龄阶段，他们已有的经验均来自于有形、有声的感性事物和感性过程，很多理性的东西靠学生去想象，学生恐怕很难做到。由此，为学生进行探究性学习主题设置时，应遵循学生的心理发展特点，重视感性成分，让过程富含感性，通过感性体验促进理性的提升。具体说来，学生的学习应以环境中感性事物的激发为主。因为从儿童认识事物的过程来看，探究感性的环境与事物是儿童的天性。他们一次次地遇到不解的现象，内心失去平衡而努力恢复平衡，而这正是知识结构不断建构和丰富的过程，也就是说认识事物的过程是一个不断探究的过程。如在"植物的生长"学习活动中，教师讲解到只有通过水、空气、土壤，植物才可以生长后，再让学生检索自己的生活经验，回忆哪

些自然现象与"植物生长"有关。同学们知道了"植物的向阳性"、"植物的生长离不开水"……这些现象可能是学生曾经的体验，也可能是来自于学生的已有的知识经验或是亲身经历的结果。

（三）重视学生的动手活动，为学生设计创作性探究主题

学习活动应注重让学生动手操作，让学生在创作中学习，如制作万花筒、自制天平等。在学习活动中，教师往往是先沿着教材的路线给学生完成了知识的构建，但无论从探究性学习的目标与价值上来讲，还是从教材上设计这些活动的目标上来看，都倾向于让学生的制作过程带有自己的思想，倾向于让制作过程变成探索的过程。也就是说，学习的过程不仅要把知识的获取寓于其中，更要让学生在知识获取的过程中进行创新，不断完善自己并不断超越自己。

总之，探究的主题是丰富多样的，其设置是否合理，关键在于针对主题进行的活动过程与方法是否能体现探究性学习的价值。学生只有在探究活动中思考、感悟，才能体验科学探究是人们获取科学知识、认识世界的主要途径；也只有在探究性学习过程中才能形成对未来发展产生深刻影响的科学素质和能力，如学习兴趣、创新能力、探索精神、合作态度、感受和欣赏能力、科学的态度和思维品质等。这就要求教师在安排学生进行探究性学习时，不能把目光停留在作

为事实和结论的知识上，而要深入地挖掘教学的价值，把探究过程的体验视为重要的目标，使教学过程真正成为学生探索、思考、观察、质疑、创新的过程，激发学生对于科学的兴趣，发展学生的实践能力和创新意识，树立学生的科学价值观。但愿我们的学生都能成为训练有素的探究者。

二、综合性学习主题

综合性学习就是以学习活动的整合为基点，加强学习活动与其他课程的联系，强调学习活动与生活的结合，以促进学生综合素养的整体推进与协调发展。现代教育理论强调的是改变学生的学习方式，通过综合性学习，促进学生的全面发展。因此，教师与学生要以平等的身份进行交流，学生是学习活动的主人，教师的任务是在综合性学习活动的过程中培养学生的学习兴趣，促使他们自己去发现问题、提出问题、分析问题和解决问题。科学选择综合性学习主题，应注意以下几方面：

（一）注意与班级学习活动相结合

综合性学习活动是学生班级学习活动的延续。小学班级学习活动从内容到形式都具有很强的典范性，许多内容还具有丰富的知识性和深刻的教育性，为综合性学习活动选题提供广泛的、丰富的素材。

如在六年级学习活动中，要让孩子们了解地球，知道地球一旦被破坏，我们将别无去处，使学生能深切地感受到人类生存与环境紧密相连，懂得珍惜资源，关爱家园，教师可以以"只有一个地球"、"唯一的家园"为活动主题。

（二）注意与学生生活体验相结合

学生学习活动来源于生活，班主任在开展班级学习活动时要善于引导学生从生活的鲜活事实中有机进行综合性学习活动。

如在小学三年级学习活动"我与大自然"中，可以充分利用节假日时间，让学生走进大自然，身临其境并且亲身感受，与大自然来一次亲密接触。这样既愉悦了身心，还能体会活动中联想和想象的魅力。

又如在学习活动"我在长大"中，班主任可以以自己为例，用自己从小到大不同年龄段的照片和衣服进行对比，让学生从老师外形的变化中感受成长。另外，还可以通过介绍发生在教师儿时的小故事引导学生发现自身内在的变化，拉近与学生间的距离，共同探究自理能力、身高、体重等变化，以自己为例让学生把握好现在的生长时期，要锻炼身体，讲究营养，合理饮食，保证睡眠，心情愉快，这样才能健康成长。

综合性学习活动具有综合性、开放性和过程性等特点，

其活动目的是在学生探究的过程中培养其创新精神和实践能力，让学生不仅获取知识，同时掌握获取知识的方法，达到解决问题的目的。作为教师，一定要掌握要传授给学生什么知识，以及其中所蕴含的道理，结合传授的内容选择和设计合适的问题，并制订探究计划，这是指导学生开展探究性学习的一个前提条件。

（三）注意与其他学科相融合

每门学科都不是孤立存在的，学科与学科之间知识是具有相通性的。综合性学习活动更加强调学科知识的相容性。

如在教授《我与天气面对面》一课时，注重让学生收集各种发生在身边的天气现象，并通过声音让学生们深刻认知各种天气现象，并从天气不同学生所穿衣服的变化引出温度这一话题，通过学生对体温计的认知引导学生学会使用温度计，并列举发生在学生身边的如蚂蚁搬家、蜻蜓低飞、蚯蚓路上爬等能预兆天气变化的现象，走出课堂带着学生去观察这些现象，激发学生的好奇心和求知的欲望，锻炼其思维能力和实际动手能力。

又如在学习活动"怀念母亲"中，与歌曲《我的中国心》相融合，运用不同学科内容和教学方法，整合不同学科力量，让学生在体验实践中获取知识，使学生的能力得到提高，以达到预期的学习活动效果。

无论是在探究性学习活动还是在综合性学习活动中，发展学生的思维能力和创新能力是培养的核心，要让学生从"学会"到"会学"。这就需要教师优化教学环节，注重教学效果，给学生提供尽可能多的思维空间，培养创新意识，提高创新能力，体现学习活动的有效性。

第二节 学习活动内容的设计与组织

班主任在开展学习活动的时候，首先要了解班级，了解学生，明确班级的个体需要，分析目前学生存在的问题，根据小学生的年龄特点，再确定学习活动的主题和内容。一般来说，小学班级学习活动的具体内容主要包括竞赛类活动、交流类活动、社团与兴趣小组类活动和研究性学习类活动。

一、竞赛类活动

竞赛类活动是以竞赛的形式激发小学生积极参与的活动，如学科知识竞赛、智力竞赛、辩论赛等各类技能比赛。竞赛类活动有利于培养学生的竞赛精神和团队意识，有利于小学生思维能力和综合素质的培养。

组织此类活动要注意以下两点：

一是竞赛活动要有针对性。活动要尽可能地接近小学生的学科学习内容，提高学生的积极性和主动性。如下例：

农村小学生常见植物识别竞赛活动

浙江省缙云县胡村小学　胡兆丁

活动方案目的：

为增进广大小学生对农村常见植物的了解，拓宽学生的知识面，整合农村现有的课程资源，进行活动。提高对生态环境和植物多样性的认识。

本项活动由系列活动组成：

A.认识常见植物（庄稼、水果、蔬菜、野菜、草药、花卉、树木）；B.自制植物标本展出评比；C.植物摄影比赛。

活动方案所涵盖的学生人数：小学1—5年级

活动的时间安排：一学年或一个学期

活动步骤：

1.宣传发动。向学生、家长阐述开展本项科技活动的目的和意义，召开家长会，聘请校外科技辅导员，争取家长和其他人士的认同和支持。

2.分班分年级组织实施（不同年级，不同要求）。组织实施过程中，强调进行安全教育，特别注意不得用嘴、舌去品尝毒性未知的各种植物，杜绝安全事故和责任事故的发生。

3.学生利用课余时间自由参观、调查，询问家长或其他人员，分别做好观察认知记录，注意归类整理。

4．遇到不认识的物种，可以就近向老师或向乡农技站的叔叔、阿姨请教。

5．鼓励高年级同学进行标本制作。教给学生制作植物标本的一般方法，鼓励学生多动手制作，要求勇于创新，不拘一格。

6．常见植物摄影比赛要求学生挑选学校或家里附近绿化中的1-2种植物，从开始到结束，拍摄包括开花、结果的一系列过程。主要展示植物的整体形态，叶、花、果等特点。

7．活动总结评比：举行学生自制标本展览；举行常见植物摄影展览；进行比一比，看谁认识的植物多。（因为活动周期较长，需经常性地开展一些阶段性的小结评比活动。）每项活动可以全校性地评出5-15名优秀学生（要分别兼顾不同年龄段的学生实际），给予表扬和一定的物质奖励，并在活动结束时，根据各班在活动中的表现评出1-2个优胜班级，以资鼓励。

8．收集本次活动中学生制作的标本和摄影作品，作为今后学校科学教育的课程资源。

活动结果：

1．低年级同学能普遍认识：

常见庄稼5种以上；水果5种以上；蔬菜5种以上；野菜2种以上；草药2种以上；花卉5种以上；树木5种以上。

2．高年级同学能普遍认识：

常见庄稼8种以上；水果8种以上；蔬菜10种以上；野菜5种以上；草药5种以上；花卉10种以上；树木10种以上。

3. 高年级同学会描述每个种类中2-3种植物的一般特征和普遍用途。

4. 高年级同学普遍会制作植物的全株、根、茎、叶、花、果实等标本。

5. 低年级同学能在高年级同学的帮助下，初步学会制作一些简单的植物标本。

6. 知道有的植物俗名和书名的联系。

7. 学会一定的归类分析能力。

本次竞赛活动主要是希望同学们通过常见植物识别活动，能学到常见植物的相关知识和识别能力。更重要的是通过辨认身边的植物，使我们更加贴近大自然，陶冶我们关注环境的情操，真正做到自觉维护我们的生态环境。通过标本制作和植物摄影比赛，提高自己的动手操作能力，从而提高大部分学生的科学素养。

二是要注意活动的操作性。竞赛类活动要认真考虑操作层面的问题，如比赛制度的制定、奖项的设置、器材的准备等。确保在竞赛活动之前，做好前期的各项准备工作，以确保活动的顺利开展。

二、交流类学习活动

交流类学习活动主要有优秀作业展示、学习法交流、图书交流、演讲交流等。交流类学习活动最突出的特点是需要学生之间、师生之间进行有效的沟通和交流。但在实际活动中,很多学生由于性格特征和外在因素的影响,不愿意也不想积极参与活动,有些学生甚至故意破坏活动过程。所以作为班主任,组织交流类学习活动要注意几点:

一是要与学生建立起和谐的、民主的师生关系,让学生愿意并且主动付出、主动参与。使每位学生都能积极参与到活动中来,能够向他人展示自己的优势和特长,并虚心向他人进行学习。

如一位小学三年级学生参加了优秀作业展览后,写下了这样的感受:

今天是作业展览的日子,我带着快乐的心情走进教室,因为我的《语文课堂作业本》和《数学课堂作业本》都作为优秀作业本展出了。

高兴的心情一直持续到中午饭后,老师公布可以到会议室欣赏别人的作业时,我兴奋得差点儿跳起来!

饭后,我一刻也不停歇地跑到会议室。这时候,已经是人山人海了,桌上也放着密密麻麻的作业本了。我想要先找到我的,就跑到第一排,寻找我的作业本,这时,我听见有人说:"这不是叶钎怡的作业本吗?""对哦,她写的字好漂亮哟,真值得我学习。"听了这些话,我尾巴都翘起来了,美滋滋的。这时,我看

见放在我旁边的胡可芊的本子，呀，字真漂亮啊！既把结构写得很匀称，又把轻重写得很明显，而且小练笔的题写得又具体又生动。看看她的，又看看我的，我为我之前的骄傲而不禁脸红了。

这次展览会让我知道了人外有人，天外有天，真的不能骄傲。

从这位小朋友的文字描述中，我们可以感受到她对自己的肯定性评价，同时在对比他人的过程中，她也能够客观地发现自己的不足，并虚心向他人学习。这样的学习促进类活动对激发学生的学习兴趣，发挥学习的个性特长具有重要的影响。

除了优秀作业作品展示外，图书交流活动在小学班级教育活动中也较为常见。古人云："读书可以使人进步"、"读书可以使人明智"。小学生对图书有着极高的渴求和阅读兴趣，班主任老师可以尝试通过多样的图书交流活动让孩子们学会读书、愿意读书并及时进行经验交流。小学生在课外阅读后，可以在班级图书交流会中通过有感情地诵读、生动感人地表演诠释自己对图书主题的理解与感受。同时，也可以向其他同学宣传介绍自己喜欢的故事、图书或者报刊文章等。在整个活动中，班主任老师应该作为一个认真的倾听者，将活动的主动权还给学生，体会学生在书海世界中的体悟和成长。此外，教师还可以适时进行读书技能指导和写作方法指导，作为图书交流活动的主题延伸。

二是要对活动细节进行及时的控制和反馈。在学习类活动中，时间、地点、人员、内容和评价方式等都对活动的最终效果产生直接的影响，这些问题需要班主任提前预测和组织安排。另外，在活动过程中还会有偶发因素存在，面对突发性现象和问题，老师需要启动应急预案，及时调控和有效组织。

如某校组织"我爱地球妈妈"的演讲比赛，在活动方案设计中有一部分就是对演讲活动中容易出现的问题进行前测，以及研讨应急预案。如活动中话筒失灵，要及时改为台式话筒，若台式话筒也失灵，则立即播放轻音乐缓场，请技术人员及时处理；如活动某环节时间超时，应由主持人及时调整活动时间，确保后续活动内容的完整；如活动中有学生身体出现不适，应及时寻求校医的帮助，严重者退出比赛，并送医院进行相关治疗；如活动现场气氛调动不起来，主持人要适时调动观众情绪，采取互动方式，灵活地加以处理。

三、社团与兴趣小组类学习活动

随着新课程理念的不断深入，学生的身心全面发展越来越受到重视。如何促进学生身心的全面发展，培养学生的个性特征，是广大教育工作者面临的首要问题。

社团是校园生活的一个重要组成部分，是学生素质拓

展的重要载体。在小学校园中，小学生社团是分散在校园中的，由具有共同爱好和特长的小学生凝聚在一起而组成的群体。在不同教育哲学和办学特色的影响下，学校社团的种类可以多样化。如可以有记者团、文学社、演讲辩论社、书评影评社、计算机社等，也可以有舞蹈社、书画社、足球社、篮球社、乒乓球社等，还可以有环保社、编织社、棋牌社等。可见，学校社团组织可以涵盖科技、艺术、人文、公益、体育等不同领域。例如在北师大惠州附属小学四年级有个班级，一个班级就有6个大社团，有彩虹实验室、彩虹阅读园、彩虹明星秀、彩虹手工坊、彩虹运动堂和彩虹作家园。每个大社团里还有若干个小社团，如彩虹明星秀下设武术社团、舞蹈社团等，而彩虹运动堂下设足球社团、篮球社团等。班级里很多学生都是多个社团的参与者，每个社团都是由学生自己组建的，自主进行管理，社长都是由学生们推荐产生的。这种自主性较强的社团活动，极大地调动了小学生参与的积极性，很多学生还在活动过程中发挥了自己的优势和特长，创作出很多高质量的作品，得到学校领导老师的一致认可。

可见，社团就像是一个"微型社会"，小学生加入社团，就好像迈进了社会，他们通过参与各种社团和小组活动，在共同目标的激励下，大家集思广益，互相帮助、互相鼓励，在活动中学会了承担责任，学会了理解和信任，更学会了尊重和交往。

作为班主任,在组织社团和小组活动过程中,需要注意以下几个方面:

一是学习内容要具体。社团或小组学习活动是一个主动的、积极的、富有意义的过程。教师要根据学校和学生实际设计活动的内容和活动的方式。在活动中要尽量设计能引发学生深入思考的内容,以有利于进行小组合作学习。

二是活动时间要充足。无论是社团活动还是小组活动,都要给予学生充足的思考时间和活动时间,要让学生在思考和实践中不断总结经验,不断反思,不断展示自我并完善自我。

三是分工要明确。在社团和小组活动中,也要设立核心人物。要注意发挥优秀学生的榜样示范作用,以个人带动全体。在活动的具体任务分配上,要做到人人有事做,人人愿参与,人人敢担当。

四是评价要及时。教师在社团和小组活动中,充当了引领者、促进者和评价者的角色。每一项活动任务的完成,教师都需要进行及时的信息反馈,只有这样才能让学生感受到活动的重要,才能让他们有继续参与的渴望。而且,有些时候教师可以做些必要的物质和精神激励,对优秀者进行奖励,对后继者进行鼓励。

总之，丰富多彩的社团和小组活动，对促进学生身心健康具有不可低估的作用，同时也有利于学生知识视野的拓展，有利于学生综合技能的培养。

第三节　学习活动与学生能力的培养

怎样才能提高学习活动中学生的各项能力呢？这是很多小学生和小学生班主任老师经常询问的一个问题。美籍华人物理学家李政道教授曾经说过："考试，只是考一个人的记忆力，考的是运算技巧。这并不是学习的重点，学习的重点是培养能力。"也就是说学习活动不是为活动而活动，学习活动的重点是学生能力的培养。可见，开展班级学习活动其根本目的是要通过活动使学生受到积极的教育和影响，使其身体和情感上都有所收获，以促进综合能力的发展。

一、学习活动中交往能力的培养

交往是人与人之间为了交流信息而相互施加影响的过程。交往既是人自身发展的需要，也是现代社会对人的基本要求。人作为个体在社会上生存和发展，其生活和学习必然离不开与他人的交往和合作。社会交往作为现代人适应未来社会的重要能力越来越受到人们的重视。在班级学习活动中，培养学生学会文明地与他人进行人际沟通和社会交往，发展合作精神，有助于为学生的终身发展打下良好的基础。因此，教师要在学习活动中充分认识培养学生社会交往意识和交往能力的重要性，多渠道多路径地对学生进行引导，激发学生的社会交往意识。

第一，应在学习活动中增加与生活实际密切相关的教育内容，以增强学生对社会交往的认识，引导学生明白社交对自己成长和发展的特殊意义。在学习类活动中，适时引导学生在交往中学习社会经验，掌握社会规范，认识自我，完善自我，使个人发展与社会需要相统一。

第二，要鼓励学生积极参与学习活动。教师要积极引导学生在学习生活中感受集体的力量，集体的温暖，以集体精神和氛围影响个人。要培养学生乐于助人、团结合作、处处为他人着想的品质，逐步培养学生社会交往的自觉性。

第三，要注意因材施教和个别关注。教师要多给那些有害羞和自卑等心理特征的学生以关心、关爱和宽容，要善于发现他们身上的闪光点，发扬其积极因素，避免其消极因素。同时，要多为他们创设锻炼的机会，加强思维训练和能力拓展。

例如有位小学班主任曾经介绍过这样一件事情：

班里有个小女生叫姜月，她性格沉默内向，在班里最不引人注意。她习惯低着头走路，和人说话也总是低着头，不敢正视别人的眼睛，总是很自卑的样子。后来同学们才知道，她的父母都是残疾人，她虽然是健康的，但是从小就觉得自己的父母和别人不一样，因此很自卑。更糟糕的是，她的学习成绩非常不好，总是班级倒数几名。一次，同学们私底下的悄悄话被我偶然听到，深深地触动了我。一个孩子说："你知道吗？咱们班我最烦的人就是姜月。"另一位同学附和着说："我也是，咱们班同学都不喜欢她。"

记得那是一个乍暖还寒的春天，区领导来我们学校听课，许多同学都说不要让姜月发言了，多丢人呢！给我们班抹黑！作为班主任老师，我摸着姜月的头，对全班同学说："姜月同学是咱们班的一员，团结向上一直是我们班的口号，大家说对吗？"很多学生沉默不说话，没有同意也没有反对。上课时，第一次点名让姜月发言时，她的声音就像小蚊子，怯声怯气的，我向她投去了期待的目光，她偷偷地用目光瞄我。"姜月，老师相信你可以的，声音大一些就更好了。"就这样一遍、两遍、三遍……到最后我和她一起重复，最后全班孩子都帮她一起重复。姜月笑了，笑得很开心，其他孩子也笑了，笑得很灿烂。班会开得很成功！掌声一片……

这次班会，大家的掌声改变了姜月。从那以后，姜月逐渐变得开朗多了，不再一个人在边缘地带徘徊了。同学们让她唱歌，她就唱歌，她也变得大方了。而且，也爱和同学们交往了。虽然她的文化课成绩依然不好，但我确信在大家的帮助下，她一定会赶上来的。

从上面的案例中，我们不难发现教师的角色期待将直接影响小学生的学习行为。小学生由于生活范围窄、阅历浅，缺乏一定的社会交往经验和技能。有的表现为明显的自信心不足，不善交往；有的性格内向，不善表达；有的蛮横任性，交往不文明，难与他人合作。教师在传授专业知识的同时，应扮演好"引领者"的角色，结合学生的年龄特点和实际情况，有针对性地对学生进行社会交往的技能训练，使学生在与教师、家长、同学及社会其他人员正常交往的过程中，逐步掌握社会交往的基本技能，提高社会交往的能力，并注意与社会、集体、他人文明相处。

二、学习活动中动手能力的培养

灵巧的手是个体和大脑发育良好的重要标志之一。素质教育理念下，学生的学习活动也要注意手脑的开发及利用。作为小学班主任，要特别重视培养小学生的动手能力。因为手的活动能直接促进人大脑的发育，从而影响人的神经系统和思维能力。著名心理学家皮亚杰说："儿童的思维是从动作开始的，切断动作与思维的联系，思维就不能得到发展。"

当前中西方很多研究已经证明，小学生具有非常丰富的思维能力和想象能力。小学生的思维特点是具体形象思维占优势，在很大程度上依靠于动作思维。也就是说，小学生易于在动作技能操作过程中，发散思维，获取新知。如通过想一想、看一看、说一说、做一做等活动，由感性认识上升到理性认识，将动脑、动手、动口、动眼相结合。那么，在具体学习活动中，如何培养小学生的动手能力呢？

第一，可以通过创设问题情境，激发学生的操作欲望。教师可以通过设置多种多样的问题情境，使学生产生积极振奋的心理状态，产生浓厚的学习兴趣，因急于获取知识而迫不及待地进入操作的状态。

第二，可以大胆放手让学生自主操作，体验知识的获得过程。教师要引导学生利用原有的知识和技能，发现学习活动中的问题，并主动去分析和尝试解决。在学生进行自主操作时，教师不能一味地要求统一标准，统一程序，不能限制学生的创造性思维，应该鼓励学生从不同角度、不同侧面进行探索和研究。

第三，可以鼓励学生将做和说有机结合。在培养学生动手能力的同时，不能忽视学生语言的陈述和表达。动手是一种外部程序化的过程，这种过程需要内化为学生的智力发展模式，也就是说将动脑、动手和动口有机结合。通过做来提升说，通过说来反馈做。

三、学习活动中创新能力的培养

学习活动实践证明，学生在不平等的环境中容易产生厌学的心理，具体表现为精神紧张、心情压抑，不愉快。在课堂学习活动中，教师应平等地对待每一位学生，把每位学生都当作是朋友，与他们建立起和谐的师生关系，让每一位学生都主动地并且愿意跟老师交流，也把老师当成可以解决问题的朋友。学生只有在愿意学的前提下，才能够去创造性地学习，才能够在学习中不断创新。

例如在数学课堂活动中，老师设计了让学生自己体验七巧板的环节。老师鼓励学生自己动手分别用2块、3块板拼出不同的图形，并且进行小组的互相交流。很多学生拼出了许多不同的图形，非常的漂亮，而且各具寓意。学生们在分分合合的图形世界中体验拼图的乐趣。在活动中，老师还适时引导和启发学生，能不能用更多数量的板块，来拼出更为美丽的图形？并且表示做得好的同学，可以将自己拼接好的图形用胶水固定在白纸上，贴到黑板上加以展示，鼓励学生在所学的基础上进一步创新和拓展。可见，在学习活动中，学生往往是带着问题去学习和体验的，教师若能够鼓励学生展开想象和探究的翅膀，就易于激发他们的潜能，想出更多新奇的点子和方法，培养他们的创造创新能力。

又如在语文学习活动中，教师在讲授《春天》一课时，先是让学生观察挂图，并按照顺序说出春天的特征。然后老师告诉学生通过初读课文，要是谁能提出自己不明白的问题，那他一定是个聪明的学生。这样一句话打破了学生学习中不敢问的心理障碍，激发了学生提出问题的欲望。学生们提出了很多自己心中对于春天的疑问，如："课文中，春天到底跟冰雪说了什么话？"老师结合挂图，带领学生通读课文，然后帮助学生理解分析。学生们的思维很跳跃，想法很奇特，比如有个学生回答道："老师，我明白了。春姑娘一定是这么说的：'春天来了，天气暖和了，冰雪呀，你快融化成水吧。'"紧接着老师又顺势提问："春天对小草说了什么呢？对花儿又说了什么呢？"并让学生们展开讨论，整个课堂气氛非常活跃，学生也在良好的课堂氛围中得到锻炼和启发。

四、学习活动中抗挫折能力的培养

现代社会中，很多孩子都是独生子女，心理承受能力较差，抗挫折能力也较弱。尤其是低年级小学生，心智发展还不是很成熟，自我控制和自我判断能力都比较弱，但荣誉心和自豪感却较强。如对没有得到小红花、没有得到老师的表扬、没有得到参加比赛的机会等类似的小问题很在意，但是又不知道如何去应对，一般表现为情绪低落、垂头丧气、自信心不足，甚至逃避责任。

有位孩子妈妈曾经在文章中这样描述自己的女儿：

　　晚饭后回家的路上，女儿很担心地问我："郭老师是不是给你发短信了？"我说："没有。你在学校有什么事情发生吗？"问完后她就哭了，什么也不说。我猜到她肯定是被老师批评了。但是我忍住了，没有一直追问下去。回到家，写好了拼音，帮她检查了试卷，终于到了她开心的时候，和我们一起做亲子游戏，玩扑克牌。玩了十几分钟后，到了睡觉的时间，我拉着女儿的手，给她讲我小时候的事情，如何因为做了错事被老师批评，如何被老师误解，如何因为逃了一节课，而那节课让我记了几十年……我和她说，这些都是妈妈的秘密，爸爸都不知道。她很惊讶……我问她："你今天的事情，是不是要和妈妈分享一下，让妈妈知道，我女儿的小心事？"她的眼睛又红了，非常小声地说："妈妈，老师今天撤销了我一朵小红花。"我问："那你是不是有什么事情做得不好？"她说："因为课堂上我和小朋友说话，被老师发现了。"我对女儿说："妈妈猜到你一定是在上课的时候跟小朋友说话，打扰了老师上课。宝贝你想一想，如果每个小朋友上课都说话，那同学们还能听见老师讲课吗？"女儿低着头没作声。"你是不是特别想要小红花呢？那就要好好表现，遵守课堂纪律，老师会看见你的进步和你的表现的。"她点点头，笑着说："好，我会的，妈妈……"

　　从上面的案例中，可以看出小学生在学习活动中，难免

会遇到困难和阻碍，有的时候也会遭遇失败。很多孩子将这种消极的情绪带到家庭生活中，如果得不到家长和老师的耐心帮助和指导，就很容易影响孩子日后的学习和生活。案例中这位家长给孩子以积极的心理疏导和正面教育，使孩子能够正视错误，虚心改正。在学校教育中，作为班主任老师，也应该教育学生采取不回避的态度，鼓励学生敢于面对错误和现实，勇敢地向困难发起挑战。

　　一方面，教师可以通过创设一种宽松的氛围或情境，让小学生自由表达自己的情感，即使是抒发不满的情绪，教师也应该做耐心的倾听者，并提供必要的帮助和指导。教师应该正确认识学生的长处及不足，要具有长远的眼光，能够看到学生的未来发展潜能，对学生提出合理的期望，并及时给予评价。有些时候，教师的一句"你真勇敢"、"老师相信你一定行"、"瞧你做得真好"……就可以在很大程度上帮助孩子树立信心，激励孩子努力去克服困难。另一方面，教师还要为学生树立正面典型，通过榜样的力量来影响和教育学生。马克思曾说过："你可以用各种行之有效的方法去影响孩子，可最好的方式还是你的行动。"榜样的力量是无穷的，教师可以列举身边的事例和优秀人物来让学生学习，作为学生模仿的对象，有时教师自身就可以作为榜样来加以示范。因为教师是学生在学习活动中接触最多、关系最密切的人，教师在学生心目中具有崇高的地位，教师的行为习惯常常成为学生模仿的对象。因此，教师要善于通过自己的示范性影响来感染和教育学生，正所谓"身正为师，学高为范"。

五、学习活动中个性特征的培养

在学校教育中，班级学习活动既是一种制度安排，又是一种文化模式。班级学习活动不仅能够为学生提供锻炼自己、表现自己、施展才华的舞台，同时又可以使他们的知、情、意等心理品质得到提高，促进学生的个性发展。

个性是指一个人的基本精神面貌，包括兴趣、理想、信念、世界观、能力以及性格等。个性是随着年龄的增长而逐渐形成的，学校是青少年个性形成的重要场所。一个人习惯和个性的养成大多是在小学阶段，因为小学生的可塑性极强，低年级小学生的个性就像是一张白纸，上面圈画出什么图案，日后的思想和行为举止就倾向于什么图案。因此，在小学学习类活动中，班主任老师非常注重学生个性特征和能力的培养。对于学生显性的好的积极的个性，教师往往采取鼓励发扬的方式；对于学生隐性的不好的消极的个性，教师常常是建立在充分了解的基础上，分析原因，对症下药，并引导其向积极正确的方向发展。

例如班主任老师可以选择恰当的时机，组织学生开展学习方法交流会，或者读书交流会、经验交流会等，通过优秀

学生亲自介绍和演示，使全班学生对学习深入了解，掌握更多的学习方法，培养良好的学习习惯，这些都将对学生学习能力的培养起到较大的促进作用。可见，活动的开展在很大程度上注重了学生的个性特征和现实体验。

第四节　案例分析与技能指导

【案例1】

一、案例展示

《小学生要不要多看电视》班级辩论赛

步骤一：分组并自由练习

步骤二：展开辩论，畅所欲言

步骤三：评议总结，提高认识

二、案例诊断

上述案例中活动过程看起来很完整，但实际上缺乏前期的必要准备和指导。尤其是对于低年段的孩子来说，什么是辩论、如何开展辩论还了解得不够多，需要教师提前进行相关的知识和技能指导，否则会直接影响活动的预期效果。

三、技能指导

为使辩论赛活动有序进行，教师要在活动开展前的两三天，指导学生准备相关材料，并进行辩论技巧的讲解，明确本次辩论赛的任务和要求，并布置好辩论的具体内容。例如对作为正方的学生小组，可以提出一些论据来证明自己赞成"小学生多看电视"的观点，如"电视是新的知识媒体，了解国际形势和国家的变化，都需要通过这一媒介手段"、"通过看《新闻联播》、《人与动物》、《科技博览》等节目，也可以了解很多科普知识和最新时事"等。作为反方，可以说明"小学生看电视占用太多时间，不利于学业的完成"、"小学生看电视时间长，容易影响视力，进而影响身心健康"、"电视中有些节目不适合小学生观看，小学生容易学坏"等。教师应该在活动开始前，引导和帮助学生做好辩论的前期准备，这样辩论活动才能内容充实，论据充分，而且气氛活跃。

【案例2】

一、案例展示

《爱粮、节粮、珍惜劳动成果》

活动目的：通过本次学习活动，让学生初步认识爱惜每一粒粮食，养成珍惜粮食的好习惯，把节约粮食纳入生活中，懂得劳动果实来之不易。

活动准备：

1. 准备秋收时候捡到的粮食。

2. 写一份爱惜粮食的口号。

活动过程：

1. 设计创设情境。播放非洲饥荒中的儿童和吃不上饭的孩子的图片。

2. 引导学生探讨。为什么要爱惜粮食？启发学生发言。老师可以提出：为什么会有饿死的儿童，心里有什么感觉？启发学生说出：时时不忘节约，防患于未然等等。

3. 希望学生们要节约粮食，为贫困山区送温暖。

4. 活动巩固——诗朗诵《粮食》。

5. 进行课堂总结。

二、案例诊断

上述案例原本是想通过活动使学生从小就能够培养良好的节约习惯，可以说主题设计非常好。但是，活动的具体内容并未与学生的生活实际相结合，内容空洞，忽视学生的真实体验。

三、技能指导

像这样一节体验式的学习活动往往不需要华丽的设计，只是需要老师能塌下心来为学生创设一种真实的生活氛围就可以。例如在活动开始前，让学生和家长一起探讨如何填写学生平时生活中节约粮食的情况调查表，并且教师要对全体学生的节约意识有整体了解。在活动中，不仅让学生观看视频和影片，同时也要让学生亲自说一说，想一想，自己在平时生活中是如何去做的？做得怎么样？今后应该如何去做？通过这些内容设计，让学生了解劳动的艰辛，劳动成果的来之不易，不仅增强了学生对劳动人民的感情，同时也让学生进行深刻的自我反思和自我省察。

【案例3】

一、案例展示

为了拓宽学生的知识面，激发学生读书的兴趣，从小养成读书的好习惯，某校一年级班主任王老师组织开展了一次班级读书会活动。王老师没有指定书目，而是让学生自由选择，然后统一时间进行读书感想交流。结果，读书会上很多孩子没有按时完成任务，参与的积极性并不高，整体效果很不理想。王老师很困惑，给学生自由选择权，怎么还做不好呢？

二、案例诊断

忽视学生的年龄特征和身心发展特点，读书任务的范围过大，学生有效选择的空间太过宽泛。一年级的孩子，由于认字较少，所读书籍也不多，常规的读书交流会对学生来说难度过大。

三、技能指导

对于一年级的学生，读书交流会可以开展，但是要降低难度，降低要求。一年级小学生入学前读得比较多的都是小故事、小儿歌、小诗歌，真正的图书类读物涉猎还比较少。教师可以把图书的范围缩小化，每一次读书会具体指定一本读物，要求在家长的帮助下阅读完成，并能够讲出书中大意，能够描述自己阅读后的感想和体会。如对书中主人公的评价，对书中某个事件的回忆等等。

除了图书交流会以外，对于低年段的学生来说，通过讲故事来诱导学生读书效果会更好。学生入学前已经有过类似的阅读经历，可以完整或部分地讲出多个自己喜欢的小故事，可以进行学生间的交流和分享。教师可以规定每个学生每周至少准备1-2个小故事，然后定期设立讲故事比赛，并奖励表现突出的学生。这样可以极大地调动低年段学生的读书积极性。一个学期下来，每个学生能够讲述20-30个小故事，这个阅读量和识字量也是不小的。

小学生最喜爱的20本书（儿童文学类）

适合1-2年级阅读：

《一年级的小豌豆》

《不一样的卡梅拉》

《阿嚏和蓝色的邻居》

适合2-3年级阅读：

《了不起的狐狸爸爸》

《吃噩梦的小精灵》

《铁丝网的小花》

《爱心树绿》

《绿野仙踪》

适合3-4年级阅读:

《冒险小虎队》

《皮皮鲁总动员》

《窗边的小豆豆》

适合4-5年级阅读:

《吹小号的天鹅》

《夏洛的网》

《手斧男孩》

适合5-6年级阅读:

《女生日记》

《魔法师的帽子》

《绿山墙的安妮》

《城南旧事》

《安房直子童话》

《西顿动物记》

【相关链接】

1. 现场作文竞赛活动方案

新疆教育学院实验小学二年级

一、活动目的

为进一步贯彻落实小学语文课程标准，营造一个良好的文化艺术氛围，全面提高学生的语文综合素养，激发全体学生学习语文的兴趣，提升学生的作文水平，激发学生的写作兴趣，我班举行作文竞赛。

二、现场作文比赛具体内容如下：

1. 在你的生活经历中，一定有些事让你感动不已，让你羞愧难当，让你满怀喜悦，让你无比愤怒，让你感到神圣庄严，让你感到妙趣横生……请选一件你感触最深的事，把它生动地写下来。让大家走进你的生活，与你分享。题目自拟。

2. 我们新疆好地方，盛产香梨、葡萄、杏子、西瓜、甜瓜，多种干果，还有天池、火焰山、喀纳斯湖等风景区。请你快来夸夸我们的新疆吧，文体不限。

3. 想象是我们遨游知识天空的翅膀，展开你丰富的想象，编一个童话故事或者想象一下未来的世界吧，题目自拟。

以上三个主题，请同学们任选一题写一写。

优秀作文摘录：

香喷喷的抓饭

今天爸爸做了一锅抓饭。我和妈妈一回来就赶紧去换衣服，换完衣服我就去洗手。妈妈把抓饭盛好后对我说："要把抓饭再热两分钟。"热完了以后，因为太烫了，所以我就飞快地把抓饭端到桌子上。我吃第一口时，觉得太烫了，然后我一直抱怨妈妈，妈妈帮我想了一个办法：先把肉拿出来，把饭吃完再吃肉。吃完第一碗，我又吃第二碗……

爸爸做的抓饭真好吃！

黄思远

会跳舞的小纸片

今天，赵老师给我们发了一些小纸片，我想老师是不是要变魔术？老师让我们把小纸片撕碎，我撕了五下。她又让我们把尺子放在头发上进行摩擦，我擦了三十五下，把小纸片堆在我们的作文本上，再用尺子靠近小纸片们。这时，赵老师让我们把尺子拿起来看看发生了什么。我们大家都发现有一些小纸片贴在了尺子上了！有些小纸片还在书上跳舞。不过，我的还没有被吸起来。秦天阁告诉我要用直尺最宽的一边才能吸起来，我就照她说的方法去做了。我终于成功了！而且它还能在我的尺子上睡觉呢！还有一些小纸片在尺子上做游戏，它们可真顽皮！

刘宇齐

一堂有趣的班会课

今天下午我们又上了一堂有趣的班会课。我们隆重邀请到一位嘉宾——袁钰婷的爸爸。这节课叔叔给我们讲了什么是税。"税"就是国家向征税对象按税率征收的货币或实物。叔叔还给我们简单讲解了"税"这个字的由来。因为税有12画，12画就代表一年有十二个月都要交税。我还知道了有契税、营业税、个人所得税、燃油税等。平常我去吃饭后都要问结账的阿姨要发票。我刮开后上面写着"协税光荣"几个字。有时候结账的阿姨说没有发票就给我一瓶饮料，这种行为就是逃税。今天我学到了这么多知识，我很感谢袁钰婷的爸爸。

房　林

乌鸦再次上当记

乌鸦的肉被狡猾的狐狸骗走后，又过了一个月，乌鸦找到了一块香喷喷的腊肉，结果被聪明的小花狗发现了。小花狗说："我知道你唱歌非常难听。"乌鸦一听急了，说："你这小毛孩，竟敢说我唱歌难听，我要和你拼了。"没想到，话一出口，嘴里的肉就掉了下来，小花狗衔起肉，高兴地回家了。

后来，乌鸦有了孩子，它把两次上当的经过告诉了宝宝。

过了几年，乌鸦衔着一条新鲜的小鱼，正准备美餐一顿。这时，一只可爱的小花猫跑来了，仰头望着乌鸦嘴里的小鱼，口水像断线的珠子一样流了下来。只听小花猫说："你经常上当受骗，你

变聪明没有？"乌鸦激动地说："肯定不会再上当了！"没想到，小鱼又落到了小花猫的嘴里。

2.《小学生50头脑风暴》

福建少年儿童出版社2012年版

50个经典的思维故事，讲述着不同的思维方式，帮助你插上想象的翅膀，让你的心灵得到更醇厚的滋养，让你的创造力得到更优质的提升，还能让你拥有一双更清澈的眼睛，准确地明辨是非，甄别善恶。当你阅读《优秀小学生50头脑风暴》的时候，奇妙的思维故事会让你眼前一亮，给你无限的启发。

1. 聪明的补救
2. 猜猜哪位名人会来
3. 小铁钉
4. 什么最大
5. 曹冲救库吏
6. 如此简单
7. 老外与柿子
8. 到森林里找鱼
9. 苍蝇也可爱
10. 月亮和外国
11. 你替我搬
12. 风筝救命
13. 智烧假画
14. 不诚实的老头
15. 酸鱼味的硬币
16. 为噪声付酬
17. 首饰盒
18. 转换思维改变人生
19. 环剥
20. 奇怪的偏方
21. 秀才找马
22. 白登之围
23. 油和醋
24. 翠鸟的悲哀

25．智慧是幸福的百宝箱

26．把椅子放低20厘米

27．人生的蝴蝶效应

28．盲人分袜

29．转移注意力

30．弱者的成功之道

31．蹚过生命之河的小泥人

32．投鼠忌器

33．尝锹破案

34．天价促销

35．无知产生的力量

36．望梅止渴

37．智捞铁牛

38．烤黑的阿根廷香蕉

39．大老虎找吃的

40．史密斯太太的蛋糕

41．冰块里的钻石

42．长远之计

43．竖块木牌

44．薄饼小贩卷出冰淇淋

45．花钱买点子

46．谁是真正的窃贼

47．温柔乞讨

48．画布上的苍蝇

49．起风时我可以睡觉

50．奇迹诞生的途径

【参考资料】

1．《素质教育在美国》

2．《教育报》

3．《教师报》

4．《小学生学习报》

5．《中国教师》

6．《小学时代（教师）》

第三章　小学班主任学习活动策划与组织

7.《现代中小学教育》

8. 小学生学习网http://www.21xxw.com

【思考题】

1. 简述学习类活动主题的基本类型。

2. 学习类活动的具体内容涉及哪些方面？需要注意哪些问题？

3. 简述学习类活动对学生能力发展的影响。

第四章　小学班主任文体活动策划与组织

　　文体活动是学校实施素质教育的重要内容。班级文体活动是学生的第二课堂活动，是对第一课堂学习的延伸、补充和发展，具有广泛、深刻、生动的教育效能。丰富多彩的班级文体活动有助于培养学生的综合能力，让学生在活动中动脑思考，多想象，多动口，勤动手，注重教师对学生的引导，鼓励学生勇于实践，大胆创新。因此，班主任要全力提倡，精心组织和设计班级文体活动。

第一节　文体活动主题的设置

　　班级文体活动分为两大类：一是体育活动，二是文艺活动。在进行班级文体活动主题设置时要注意合理性、新颖性

和文化性，要让学生学起来感到善思、有趣、乐学和有益。

一、主题的合理性

本着激发学生文体兴趣，提高学生文体技能，培养学生文体特长，丰富师生文体生活的基本要求，班级文体活动的主题在内容和形式上都力求合理性。也就是说文体活动主题的选择，应该符合小学生的身心发展特点，贴近小学生的学习和生活，以增强学生体质，丰富学生课余文化生活为目标。例如舞蹈、书法、绘画、乒乓球、田径、篮球、跳绳等各种课外活动课程的设立，不仅能够拓宽学生的视野，培养学生的特长和爱好，同时可以丰富校园文化生活，让学生在有趣的活动中得到锻炼，以培养学生的竞争意识、合作精神、交往能力和耐挫能力，促进学生的全面发展。

此外，在注重主题合理性的同时更应注意意外生成的教育，特别是在体育活动中。例如班主任在开展班级体育活动时会有很多偶发事件和个案发生，个别老师处理不当，考虑不周，就会陷入管理的僵局。（见下面案例）

"不翼而飞"的跳绳

一天，一名三年级的小学生在进行跳绳比赛的课外文体活动时，乘人不备拿走了一个一年级小同学的跳绳，此景被另一位小同学看到了。一年级的小同学追着要，但是大一点的孩子死不承认。几个小同学大胆证明就是那个大年级的哥哥拿的，弄得老师也没有办法，问题就这样陷入了僵局。班主任老师很无奈，找到了两个学生的家长，家长出面，话不投机，各说各的长短，问题没有得到及时解决。然而，第二天这个跳绳就被扔到了厕所……

中小学校园里经常存在高年级学生欺负低年级学生的情况，上述案例虽是个案，但很有代表性。在进行班级文体活动时，个别教师往往忽视孩子道德品质的教育，孩子诚信意识淡薄，再加上家长的袒护溺爱，学生的文体活动便失去了实质性意义。所以，在进行文体活动时不仅主题内容要合理化，还要充分考虑文体活动本身的意义，以及在进行文体活动过程中及时进行生成性的教育。班主任在遇到偶发事件时要适时引导，及时发现问题和解决问题，以规范学生的行为习惯。

二、主题的新颖性

文体活动主题的设置要新颖化，要能够体现时代精神，做到与时俱进，特别是在文艺活动中。例如在长春经开区世纪小学进行的校园"文明歌"活动中，学校就把课堂礼仪、课间、午休、用餐、放学的时候编成了《三字歌》和文明诗朗诵，以强化学生的日常行为规范。

长春世纪小学课间三字歌和文明诗朗诵

课间三字歌

下课后	莫追跑	轻说话	不喊叫
上厕所	要文明	不玩耍	不打闹
走廊内	右侧行	三人走	成一行
上下楼	靠右走	不拥挤	慢慢行
见客人	先问好	要让路	不抢行
操场上	莫滚跑	文明玩	扶幼小
课间餐	要吃好	吃完后	再游玩
食品袋	不乱丢	轻放进	垃圾箱

文明校园文明的你，人见人夸好少年

文明诗朗诵（爸爸、妈妈）

女：从我呀呀学语的那一天起

是母亲教我礼貌卫生

男：从我懂事的那一天起

是母亲教我懂得为人孝心

女：从我跨入学堂的那一天起

是母亲教我明礼诚信

合：是啊，我怎么能忘怀母亲

在我年幼时的谆谆教导

男：当我第一次成为值日生的那一刻起

是爸爸告诉我要热爱劳动

不怕脏不怕累

女：当我第一次成为升旗手的那一刻起

是爸爸告诉我要热爱我的祖国

为她增光添彩

可见，该小学此项文体活动的主题设计比较新颖，选择了孩子易于理解和接受的内容及形式，有助于小学生记忆、学习及遵守，实施效果较好。

三、主题的文化性

班级教育作为文化传承的一个重要途径，归根到底也是一种文化。这种文化是班级全体成员在教育教学活动中创造出来的。孩子的生活中蕴藏着丰富的活动题材，班主任要善于从多视角、多领域、多层面去捕捉、去发现、去挖掘，尽可能让学生自主策划活动内容与形式，引导学生根据班级文化建设中动态生成的信息与存在的问题，开展适合学生生活世界与内心需求的教育活动。如在"艺术节"中可以开展艺术知识竞猜活动、现场书画大赛、英文歌曲人人唱活动、艺术作品展示等活动；"赏春节"可以组织春游踏青活动，"寻找春天的脚步"摄影比赛，植树活动，"我用小手画春天"等活动。另外，还可以结合重大节日和纪念日，开展"缤纷节日"

活动。（见下例）

丰富多彩的"缤纷节日"活动

春节——"我和春天有个约会"朗读比赛、"快乐春节"绘画大赛；

元宵节——迎春猜谜会、元宵赛诗会；

清明节——"学先烈、立壮志"主题朗读比赛、踏青活动、清明节专刊宣传板报；

端午节——"端午情怀"黑板报、"端午粽飘香，浓浓中华情"手抄报评比，"清韵端午"文艺汇演；

儿童节——歌咏比赛，欢庆六一联欢会，庆六一趣味体育活动、观看少儿电影；

教师节——"名人和他的老师"故事会，"老师，您辛苦啦"演讲比赛，"唱给老师的歌"演唱会；

中秋节——月亮的传说故事会、家庭中秋联欢会、"月圆人更圆"手抄报评比、"明月千里、诗以咏志"中秋颂月诗会；

国庆节——"我爱祖国山河美"图片展，"我最喜欢的风景名胜"手抄报展、"祖国在我心中"演讲比赛，观看爱国主义教育影片、"说说祖国的变化"故事赛。

总之，班级文体活动要做到以全面推进素质教育为指导，以"促进学生生动、活泼、自由发展、张扬学生个性"为主题，以培养学生的创新精神和实践能力为重点，以规范学生课外文体活动内容和形式为途径，引导广大学生积极参加文明、健康、活泼的文体活动，以达到促进学生身心全面发展的终极目的。

第二节　文体活动内容的设计与组织

　　文体活动的内容十分丰富，不同班级文体活动的具体设计和组织也会有所不同。班级文艺活动的开展为学生提供了自我展示的舞台，有利于提高学生的文艺修养，陶冶情操，培养艺术特长，如歌曲大赛、才艺展示、文艺晚会等；班级体育活动的开展有利于全面增强学生的身体素质，预防疾病，培养学生的体育兴趣和体育精神，如球类比赛、跳绳比赛、体育游戏等。作为小学班主任，要全力提倡、精心设计和组织丰富多彩的班级文体活动，这是形成班级和谐环境，产生向心力和凝聚力的绝好机会。

一、文体活动内容的设计原则

（一）趣味性原则

　　心理学家弗洛伊德说过："趣味性活动是愉快原则促动

的，它是满足的源泉。"把文体活动与趣味性活动巧妙结合，把大量机械重复的训练巧妙地变为学生喜闻乐见的趣味性活动形式，有助于学生巩固所学知识。丰富多彩的趣味性文体活动能唤起学生的求知欲，激励学生全身心地投入到文体活动中。学生在趣味性的活动中学习，能够培养其观察能力和思维能力，同时也能够调动学生参与文体活动的积极性和主动性。

（二）全面性原则

课外文体活动的内容与形式要丰富多彩，要能满足不同特长、不同兴趣、不同层次学生的发展需要，以促进小学生身体、心理和审美素质的全面提高。因此，文体活动在选题、设计和组织上都应该做到考虑全面，有的放矢，重点突出。如针对最近有的学生流行看"口袋书"的现象，教师可以开展与读书有关的文体活动，引导学生正确选择读物。又如对小学低年级开展集体主义教育，由于学生普遍活泼好动，又有鲜明的个性，教师不需要侃侃而谈讲大道理，而是要组织学生观摩、表演、游戏，在具体的情境中体验、领悟、内化和践行集体主义精神教育。

（三）个性化原则

文体活动要坚持育人的宗旨，要遵循小学生身心发展特点和规律，寓学于乐，寓炼于乐。班级活动是丰富多彩的、生动活泼的，通过班级活动来打造班级个性，可以让学生在具体活动中潜移默化地受到影响，形成正确的价值观，为班级的个性形成打下基础。优秀教师李镇西就曾在他的"未来班"实验中，很好地利用了班级活动打造出独特的班级个性。李镇西老师把文学作为班级的个性发展目标，不仅在课堂上渗透文学，还利用课余时间开展"文学写生"课外活动，让学生感受到大自然的美，提高自己的文学鉴赏能力和创作能力。经过锻炼和学习，很多学生的作品发表在《中国青年报》、《读者》、《中学生》、《现代中学生》、《中学读写》、《少年文史报》等刊物上。

可见，在学校统一开展的文体活动中，班级虽然无法自主确立文体活动的主题，但可以在文体活动的内容、形式等方面自主选择，扬长避短，体现出班级个性。例如在小学开展文明礼仪的文体活动。擅长歌舞的班级可以用歌舞的形式来表达，善于画画的班级可以用绘画来宣扬文明礼仪，善于社会实践的班级可以利用"文明礼仪我最行"开展活动宣传。这样，不仅增强了活动效果，丰富了活动的内容，并且使同一个主题的活动呈现出不同的形态和特点，突出了活动的多元性和个性化。

（四）自主性原则

在组织学生参加课外文体活动的过程中，教师的鼓励、

引导是必要的。同时，要充分尊重学生的自我选择权和自主活动权，在组织活动时要为学生营造一个自主讨论、组织、操作、交流和评价的良好环境和氛围。

新学期新起色

新学期开始，由于班级调换了教室，为建设良好的班级文化，学生们兴高采烈地布置班级，看到孩子们那么高兴，老师也高兴地说：我们班搬进了新教室，那么就应该有新的起色，新的特色，也祝愿同学们各个方面都更上一层楼。对于老师的这个说法，孩子们高兴极了，自发地分成了若干个小组，有的小组负责黑板报，有的小组负责图书角，有的小组负责卫生角，有的小组负责英语角。因为，他们知道新的气象，更上一层楼的想法是需要大家共同的努力。

在这个案例里，学生们之所以很快地分成小组，"热烈的，无拘无束的"完成班级文化建设的义务，除了学生们理解新家的含义之外，班主任老师也起到了至关重要的作用。老师准确地把握了学生们的思想情绪，提升了他们的兴奋点，形成了班级共识，巧妙地把学生们兴高采烈的情绪引向更深的维度。因此，在进行文体活动组织的时候，班主任的鼓励引导是必要的，教师要为学生营造一个良好的活动氛围。

（五）校内外结合原则

开展文体活动应以校内教育为主阵地，充分发挥校外教育的独特功能，促进校内校外教育的有机结合。要密切配合家庭教育和社区教育，努力创建良好的课外教育环境。班级文体活动要面向社会，不仅要把社会生活引进来，还要带领学生走出去，让学生接触更广阔的社会生活，更深入地参与社会活动，在行动中提升自己的社会素养。例如开展夏令营、冬令营活动，进行小组游戏，可以更为便捷地引起学生参与活动的热情，通过参与活动快速融入集体。

浙江省绍兴市越城区快阁苑小学课外文体活动

自2007年越城区文教局开展创建浙江省中小学生课外文体活动工程示范区以来，快阁苑小学积极响应，根据学校实际，制定了"课外文体活动工程实施方案"，狠抓课外文体活动。

一是狠抓群众性体育活动。抓好早操与眼保健操、大课间工作，并做到规范化、制度化，确保学生每天一小时体育锻炼时间；定期开展体育竞赛活动，如："跳绳比赛"、"广播操比赛"、"达标对抗赛"、"国际象棋比赛"、"眼保健操比赛"、"羽毛球比赛"、"抖空竹比赛"等。

二是建立业余体育团队。学校建立业余田径队、国际象棋队、羽毛球队、空竹队、跳绳队等，有计划地利用课余时间进行训练，为参加校外比赛输送参赛人才。

三是开设体艺兴趣小组。学校建立各类体艺兴趣小组，学生参加课外文体活动普及率≥100%。如：国画、素描、书法、国际

象棋、空竹、轮滑、动手乐、电脑彩绘、竖笛等。

四是成立红领巾社团组织。学校成立了"快阁书画社"、"小白鸽合唱团"、"空竹舞蹈队"等社团组织。

五是举办体育艺术节。如"校园十佳小歌手比赛"、"校园十佳故事大王比赛"、"校园十佳电脑小能手比赛"、"书画长卷创作"、"书画作品展评"、"电脑绘画比赛"、"动手乐"、"器乐大赛"等。艺术节活动，加重了校园艺术氛围，为学生提供表现特长的广阔舞台，尽情挖掘其潜力，发扬其个性。每年春季举行校田径运动会，学生参加面达98%。开展"体育、艺术2+1项目"活动，学生参加面超过100%。

（六）安全性原则

开展班级文体活动，一定要重视安全教育。活动开始前要制定出安全措施、应急措施和防范措施，避免和防止意外事故的发生。但同时也要防止以怕出事故为由不积极开展活动的倾向。

小学生身心发展还处于较低水平，他们喜欢跑、跳、投等活动，好胜心强，但缺乏耐力。小学生骨骼还处在生长发育时期易变形，不能承受过大的压力，肌肉运动时间也不宜过度。这就要求我们在活动中要注意游戏的强度和时间长短，不能让他们过于疲劳而影响身体健康。另外，还需注意游戏的场地和器材的牢固程度，以排除障碍，确保游戏的安全性。

小学生拔河比赛受九级伤残

2008年5月28日，山东胶州市某镇小学组织趣味运动会，六年级学生杨某参加了其中的拔河比赛。比赛中，杨某不慎将腿扭伤，在老师陪同下到镇上诊所做了检查，当时医生诊断为肌肉拉伤，回家休息几天就好了。休息数日病情没有好转，6月14日，杨某父亲带他到青岛市胶州中心医院就诊，确诊为股骨头骺滑脱，后经司法鉴定，杨某所受伤害构成九级伤残，杨某在诉状中要求学校赔偿医疗费、护理费、残疾赔偿金等共41471.55元。据了解，杨某住院期间及出院后，学校负责人曾数次看望，并支付给杨家3838元医疗费，学校以没有过错为由拒绝支付其余费用。

上述案例经法院审理认定，学校在组织拔河比赛的过程中做了充分的安全准备，不存在过错。而杨某对损害结果的发生也没有过错。在双方均无过错的情况下，按照公平责任原则，学校承担40%的补偿责任。类似这样的案件，在个别学校教育中也是比较常见。一旦这样的事件发生，受教育者个人、家庭、教师以及学校都难免陷入僵局和困境。所以，在学校文体活动组织和设计中，要特别注意安全性原则。

丰富多彩的课外文体活动，让孩子体验到胜利的喜悦，合作的必要，坚持的重要。他们在活动中丰富了阅历，增长了见识，树立了自信。总之，要全面提高学生的素质，让每一个孩子都参与到课外文体活动中去，体验到一份成功的快乐，

从而树立自信，拥有克服困难的信心和勇气，把学生培养成"合格加特长"的新世纪接班人。

二、文体活动的组织形式及注意事项

文体活动的组织形式分为集体活动和分组活动。集体活动是指全校或部分年级的集中锻炼。其特点是规模大、人数多、地点集中，活动时间、内容便于统一安排，能够做到统一领导，督促检查，相互促进。分组活动是指以班级、兴趣小组等为单位活动。分组活动规模小、人数少，地点可以分散，方式灵活，便于组织和区别不同情况，并能发挥文体骨干的作用。

班主任在组织文体活动时需要多花心思，让每个学生在校期间都能较好地掌握两项运动技能和一项艺术技能。以"健身强体、育德促智、审美悦心、发展个性"为宗旨，落实"健康第一"的思想，促进小学生意志品质、兴趣爱好、个性特长的发展。具体说，要注意以下几点：

1. 活动前要做好动员和准备工作

动机是激励人们为了达到一定的目的而去行动的内驱力，具有维持行为和指示方向的作用。人的一切活动都是从一定的动机出发的，并指向一定的目的。在班级文体活动中，学生的兴趣大小，直接影响他们参与活动的积极性和创造性。因此，有必要在活动开始前做好思想动员工作。如提

出班级的整体活动目标，并激励学生为共同目标而奋斗和拼搏；对活动内容和过程进行形象的描述，加强直观感受，使学生对活动有一定的前期认识；起用班级领导核心，做好榜样和带头作用，利用学生争强好胜的心理，激发参与的欲望和激情。同时，要做好活动前的各项准备工作，如活动必备工具、活动计划书、活动备案以及活动的前期演练等等，这些都有利于活动的正式开展和顺利进行。

2. 活动组织要有序

为确保活动的顺利开展，各活动小组要做到有计划、有目的、有组织。对活动地点、活动时间、活动内容、活动顺序、活动人员都要组织安排好。要把活动难度较小的、比较容易实现的放在前面，将活动难度较大的，需要群体合作的项目放在后面。例如上海黄浦区中华路第三小学在学校第七届文体节活动中，将"人人有项目、班班有团队、周周有比赛"作为活动的根本目标，开展喜闻乐见的文体活动，引导学生学会生活、学会娱乐、学会健身和学习合作。

上海中华路第三小学特色文体活动

课程类别	学科	内　容	备　注
拓展课程	体育	集体游戏：奔向世博 竞技：短绳、立定跳远、沙包掷远	适应一、二年级
		集体游戏：龙腾虎跃迎世博 竞技：双飞、定时踢毽	适应四年级
		集体游戏：龙腾虎跃迎世博 竞技：跳高、掷实心球	适应五年级
	美术	青青百草园（撕贴画）	适应一、二年级
		豫园石狮	适应四、五年级
主题活动（百草园剧场）	音乐	《玩具进行曲》、《数高楼》	适应一年级
		《洋娃娃和小熊跳舞》、《小皮球》	适应二年级
		《叶儿船》+自选曲目+班级特色曲目	适应四年级
		《故乡的小路》+自选曲目+班级特色曲目	适应五年级

3. 活动结束要及时反馈和总结

　　班主任在组织文体活动时要充分考虑活动的完整性，即文体活动不仅要有计划，更要有事后的反馈和总结。总结是班级文体活动的最后一个环节。它不仅为本次活动画上了一个圆满的句号，更是为下一次活动做好铺垫。因此，活动总结具有承上启下的引用性、指导性作用。前苏联著名教育家苏霍姆林斯基也曾说过："教育的最主要最显著的效果体现在，要使一个人开始思考自己是怎样的一个人，自己身上有哪些优点。"班级活动也应该是这样。班主任对班级文体活动

124

的评价应客观，分析应中肯。如活动是成功的还是失败的，成功表现在哪些方面，原因是什么，哪些同学表现最突出，活动中存在哪些不足，原因是什么，今后应如何改进等等。在总结过程中，趁学生热情高涨之时，班主任老师还可以适时引导他们做出某种承诺或制定出某些公约，并督促他们在活动结束后付诸实践。

总之，班级文体活动应与学生的实际生活密切融合，打破传统文体活动形式的束缚，在丰富多彩、精心设计的学生活动中，拓展学生活动的空间，丰富学生的生活，陶冶学生的情操，让学生在文体活动中得到身心的全面和谐发展。

第三节　文体活动与学生能力的培养

班级文体活动对发展和培养学生各方面的能力具有至关重要的影响。尤其是对学生的创新实践能力、审美能力、个性能力、组织能力、综合能力等的培养。这些对于学生今后的发展、个性的张扬都有着不可低估的作用。

一、文体活动中学生创新实践能力的培养

班主任在教育管理学生过程中，应努力组织和指导好班

级文体活动的开展，以使学生快乐、健康地成长。多种多样的班级文体活动可以为学生提供更广阔的天地，不仅有助于学生学习和巩固书本知识，而且有助于开发学生智力、陶冶学生情操、增强学生体质。班级文体活动要想吸引学生的注意，调动学生参与的积极性，活动本身应该进行创新。如果一个活动十几年不变样，年年重复、次次重复，学生就会觉得无味，不愿不想参加，也就不利于学生创造性思维的发展。相反，班主任老师如果能在文体活动中，标新立异，努力创新，以新意来吸引学生，学生们也会积极参与，并从中获益。

例如山东省威海长峰小学举行了"体验、创新、成长"科幻绘画比赛，让学生在绘画活动中充分体验创造的乐趣，而且给予学生更大的想象和发挥空间，尤其是对未来世界的畅想。活动结束后，学生们的作品丰富，构图奇妙，形式多样，充分展现了少年儿童丰富的想象力和创造力，为学生创新实践能力的培养搭建了科学平台。

二、文体活动中学生审美能力的培养

审美能力是个人所具有的与进行审美活动相关的主观条件和心理能力。审美感受以"视、听"两种感官为主，而在这方面并不是每个人都一样。先天的条件，以及后天的训练能够影响个体的审美意识和审美能力。班级文体活动用文化的理念统领工作，用文化的氛围熏染学生，用文化的互动影响学生，有助于学生文化素养和审美能力的提高。

　　例如福州乌山小学是一所花园式小学，为了激发学生对学校的热爱之情，引导学生从小就学会发现美、记录美，该小学举办了"美丽的校园"摄影比赛。很多学生在班主任老师和美术老师的指导下，兴致勃勃地用照相机记录和拍摄了校园的美丽景色，班级活动的生动场面等，用自己灵巧的双手和纯净的心理播种美的种子，收效非常大。

　　上面提到审美感受以"视、听"两种感受为主，班主任在开展文艺汇演比赛或活动中，也会锻炼和培养学生欣赏美、感受美的能力。如湖南株洲八达小学四年级学生在班主任老师和音乐教师的指导和带领下，参加了"学具乐器进课堂"的班级演奏表演，小学生们用葫芦丝演奏了《月光下的凤尾竹》和《四季童趣》两首乐曲，悠扬的乐声描绘出一幅幅美丽的画面，给听者以动人的感受，得到了评委老师的一致认可，演出非常精彩、非常成功。可见，在班级文体活动中，学生的审美能力得到了深化和提升。

三、文体活动中学生个性能力的培养

　　美国著名哲学家、教育家、进步主义教育运动的代表杜威，针对19世纪殖民统治时期传统教育教学的不足，提倡从儿童的天性出发，促进儿童的个性发展。个性发展完整是个

性社会性的基础。个性虽然不在学习和实践活动中起决定性作用，但它可以影响个体学习和活动的效率。新一轮基础教育课程改革提出，教师要重视发展和完善学生的个性，使学生在德、智、体诸方面生动、活泼、主动地发展。班主任在文体活动中要教会学生自主学习、激发学习兴趣、倡导合作学习、建立竞争机制、使学生体验成功的乐趣，这些对于发展学生良好的个性品质具有重要影响。

这里以班级体育活动为例，体育活动最能表现学生的个性和兴趣爱好。传统的体育教学模式以教师为主，学生没有自由表达与主动表现的机会，教师教什么学生学什么，忽视了学生主体参与及内在需求和人性化的发展，导致学生缺乏自主学习的空间，缺乏追求新目标的动力，其个性发展受到束缚。新课改背景下，教师应在活动中注意观察分析学生的个性，正确地处理个性与共性的关系。同时，教师要针对不同的个性，组织安排不同种类的活动，加强对学生个性的发展。如对胆怯的学生，可以鼓励他们的自信心或降低练习的难度；而对勇敢、外向的学生则应注意加强安全知识和自我保护方法的教育，并帮助他们进一步提高。

四、文体活动中学生组织能力的培养

一个人的组织能力不是与生俱来的，是从小就需要锻炼的。试问一个人不经过锻炼和尝试怎么能够有强有力的组织能力呢？小学生应该多多参加各种班级活动，在参加活动的同时积累经验，有机会有条件的还应该多多尝试组织各类活动，如拟定活动的时间、地点、路线、安全等等，多方面考虑，向有经验人征求意见，大胆尝试。只要相信自己能行，才会"我能行"。班主任老师要善于利用各种渠道尽快熟悉具有"特色"的学生。如对开学前大扫除、到图书馆领课本及分发课本等的观察，了解谁具有组织协调能力；看新生入学登记表，了解谁有特长；观察平时的表现，了解谁口才好、胆子大等。组织全班学生共同制定了本学期的目标；让学生自己设计黑板报，自主参与学校组织的各项活动；自主管理班级的其他一切公共事务……这样人人是管理者，又是执行者，都有了展示自我风采的机会，同时也锻炼了学生的组织管理能力。

新年"寻宝"在行动

陈芙蓉

活动目标：

认知目标：通过体验系列活动初步了解中国年的习俗文化，体会其中蕴含的文化精髓，了解一些过年时的特色饮食。

能力目标：培养学生借助网络、书籍、采访等途径收集资料的能力；培养学生设计"采蜜集、采访卡"以及整理资料、交流资料的能力；培养学生动手的能力和在生活中学习的能力。

情感目标：通过活动让学生充分感受中华民族文化的博大精深，体验过年的快乐，增强民族自豪感。激发探究传统文化知识的热情，从小树立弘扬民族文化的远大志向。在活动中培养自信以及分工合作的团队精神。

活动总动员：

人人参与，亲身体验，分工合作。

活动过程：

第一阶段：准备阶段

（1）确立主题

向孩子们介绍春节的一些习俗，并抛砖引玉问孩子们想了解哪些年俗。这一回，孩子们提出的问题让老师决定把主题确立为"年俗"。活动主题确定后，孩子们一起商讨活动计划。

（2）制订活动计划

寻宝计划

1. 把要研究的问题整理出来，通过上网、到图书馆或超市查资料、问家长和老师，使自己进一步了解春节。

2. 设计调查问卷，了解人们对年俗的知晓情况，获得第一手资料。

3. 在了解的基础上，整理资料，制定贺年礼物。

4. 举办成果展示活动。

第二阶段：了解资料、整理资料

学生根据课内外、校内外相结合的形式,分组进行研究。

1. 调查访问

（1）采访老教师。

（2）访查亲人或邻居老一辈。

2. 查找资料

（1）通过网络搜索相关资料。

（2）查阅手抄报等有关书籍。

（3）找找身边的对联。

3. 资料的整理

（1）设计采蜜集、采访表等。

（2）各小组交流收集的资料,教师指导筛选。

（3）学生把收集到的资料及时整理,制作成剪贴板。

第三阶段:同学们分别完成了剪窗花、做灯笼、写春联等制作活动

第四阶段:成果展示、活动评价（略）

第五阶段:拓展与延伸

1. 活动结束后,各小组的成员可把收集到的资料或通过学校的红领巾广播站,或走进其他中队进行宣传。

2. 如果你们还想深入研究活动中的哪一种年俗,可把它写在表格中,等下次活动课,我们再一起进行整理、制定新的活动主题。

上述案例中,班主任老师通过与学生的讨论,确定活动

131

的主题。根据主题的需要布置学生任务，组建研究调查小组。学生则通过实际调查、资料收集、小组交流、科技制作、艺术作品等形式进行成果展示。整个活动中，学生是活动的主体，并拥有一定的计划、组织、指挥和协调的权力，这对活动的最终成功起到了积极的影响。

五、文体活动中学生综合能力的培养

首先，班级文体活动有利于丰富学生关于主题的相关知识和经验。例如在"三八妇女节"庆祝活动中，学生在妈妈的帮助下获得了相关节日的知识，在与家长的游戏中学习了不同家长身上的闪光点，也增进了对家长的了解，体验了与家长一起表演、游戏的温馨与快乐。在"我爱我的牙齿"的活动中，通过"预防龋齿"手抄报活动，唤起了学生对口腔保健的重视意识，获得了保护牙齿的知识和经验，同时也学会了终身受用的刷牙操，有助于养成良好的口腔卫生习惯。其次，班级文体活动拓宽了学生对社会不同职业的认识和了解。例如在一年级家长助教活动中，可以邀请从事不同职业的家长进行言传身教，如园艺工作者、教师、医生、新闻工作者、工程师等。每一职业都有它自身的特点，学生在与这些不同职业家长的直接接触中，开阔了视野，了解了不同职业的职能和工作技能。在与不同职业的人接触中，少年儿童的社会交往经验和社会阅历也更丰富了。

第四节　案例分析与技能指导

【案例1】

一、案例展示

拔河比赛中的冲突

某校五年级三个班组织拔河比赛，班主任事先对拔河比赛规则进行了说明，并对本班学生给予了极大的期望。同学们个个跃跃欲试，都想拿一个好的成绩，让班主任老师刮目相看。

在1班和3班的比赛中，3班获胜，1班学生对3班学生指指点点，有的还带有不文明语言；在2班和3班的比赛中，1班学生先是进行语言攻击"打倒3班，3班必败！"，后来又有几个学生偷偷在后面帮助2班学生，见大势不妙后，便鼓动2班学生集体松手，结果3班学生全部重重摔倒在地上。

二、案例诊断

上述文体活动，班主任事先缺乏对比赛活动目的、意义的讲解和宣传，同时缺乏对比赛突发事件的应急预案设计及

处理。

三、技能指导

班级文体活动是影响青少年身心健康发展的重要手段。班级每一次文体活动的有序开展，都是增强班集体凝聚力的重要契机，都是培养学生集体责任感和荣誉感的重要途径。因此，班主任要善于发现学生的特长和兴趣，科学合理地安排和组织各项活动。在活动开始前，班主任应对活动的内容、目的和意义进行宣传和介绍。如通过本次活动可以使学生学到哪些知识，培养什么样的能力，在思想品德和心理素质方面得到哪些提高等等。另外，在活动方案设计中要考虑对于突发事件的应急处理，做到事前有准备，事后有应对。

本案例活动是为了丰富学生的校园生活，活跃学习气氛，提高学生的身体素质，从出发点来说是正确的。但是作为班主任要谨记，开展班级体育类活动除了以上目的外，还在于增进学生之间的团结、友爱及合作，促进班级之间的交流沟通，加深各班之间的友谊。事实上，文体活动本身的胜负并不是最重要的，应该帮助学生时刻树立"友谊第一，比赛第二"的思想和观念。

上述案例，班主任在活动结束后要对受伤学生进行及时的应急处理。同时，要对犯错误学生进行思想上和心理上的疏导和教育。如可以通过全班故事教育、班级讨论、自我评价等方式，对活动进行及时必要的总结和反思。班主任要鼓励和引导学生认识和正视自己的错误，虚心向他人学习。教育学生在面对困难和失败时，不要灰心丧气，更不能谩骂嫉恨，而应冷静分析，吸取教训，找出原因，努力改进。

【案例2】

一、案例展示

（三年级文体活动）"关于听到或看到的表现社会新风尚的文艺演出"

二、案例诊断

命题难度太大，不切实际，有失公平。对于小学生而言，"社会主义新风尚"这个概念大部分学生不太理解，难度过高；而且即使硬性开展，也会使得部分学生在进行活动的时候遭遇失败，这样的题目就有失公平性。

三、技能指导

首先，文体活动的命题要体现出计划性和针对性。活动的命题必须清晰，使小学生容易懂，容易把握。如案例中可将命题换成更为具体化、清晰化的表述，如"一股暖流涌进

心窝"、"不是亲人胜似亲人"、"我心中的歌"等,这样便使"社会主义新风尚"这个概念变得能够被小学生接受和理解。这样,后续活动也就比较容易开展了。如在《赞美春天》的一组文艺活动中,(一年级)可以设计关于描写春天的古诗和小故事;(二年级)可以设计关于描写春天的成语、谚语;(三年级)可以设计关于春天的诗歌和歌曲。这样的一组题目都是围绕"春天的主题"进行的,而且各个年级都有侧重点。说明,教师在文体活动设计中要由浅入深、循序渐进的,符合小学生的身心发展特点。

其次,文体活动的内容要更贴近学生生活和学习。有人说文体活动的命题应该就像导火索,要能够瞬间引燃孩子活动素材储备这个火药库。叶圣陶老先生也曾说过:"只有从儿童内心流出的命题,儿童才可以以极大的情趣对待它。"因此,文体活动内容一定要贴近孩子的生活实际,要提高开放度和自由度。如在小学四年级开展《校园流行风》活动,让学生自由、淋漓尽致地表达自己的想法。校园最近在流行什么?是有趣的魔力卡片,还是好玩儿的溜溜球,还是传唱某一首歌曲?是在玩一个有趣的益智游戏,还是流传盛行一句搞笑的网络语言?是流行穿怪异的服装,还是一种奇特的发型……这样的文体活动内容学生都会关注到,也愿意表演给大家看,同时也尊重了学生的个体差异,遵循了儿童的心理特征，让不同智力发展水平的学生都可以自由抒发自己的情感，表达自己的所见所闻，在表达中体验文体活动带来的快乐。

【相关链接】

1. 快乐无处不在

设计意图：虽然大部分学生来自乡村，但很多学生都是独生子女，在家是衣来伸手、饭来张口的小皇帝或小公主，他们是在长辈百般溺爱中成长，又加上很多学生家庭条件较优越因而经不起半点委屈及挫折，对别人说的话较为敏感，甚至产生逆反的心理。

教学目标：

1. 使学生懂得别人提出正确的意见要认真听取，才能感受到快乐。

2. 让学生在活动中寻找快乐，体验快乐。

活动过程：

一、暖身操

师生同唱《娃哈哈》。

师：唱完这段音乐后，你的心情怎么样？

学生：变得轻松起来、心情愉快了……

师：同学们伴随着欢快的旋律，我们的心情似乎也愉快了起

来，其实这时"快乐"就已经悄悄来到你我身边，今天就让老师带领大家到生活中去寻找快乐吧。（板书课题）

二、创设情境，感受快乐

播放录像：快乐的小天使

1. 明明在学校的成绩优秀，经常得到老师的表扬。

2. 假期里，爸爸和妈妈抽空陪明明出去旅游。

……

师：你觉得明明快乐吗？为什么？（小组讨论，每一组请一名代表上来说说。）

三、寻找生活、学习中快乐的事

活动一：

师：俗话说"笑一笑，十年少"，相信大家在平时的生活中、学习中也一定有很多快乐的事，现在就让我们来说一说：曾经哪件事使你快乐过？快乐的原因又是什么？

生1：跟爸爸、妈妈去公园玩。

生2：考试卷发下来后，自己考出好成绩。

生3：跟爸爸、妈妈去旅游。

生4：与同学一起过生日。

师：这些都是家里的事。在学习上，还有什么高兴的事？

生1：与同学一起玩游戏。

生2：老师没有布置作业。

......

（学生回答，这时学生会从生活和学习中提取点点滴滴快乐的片段。老师要适当地点拨"你为什么感到快乐呀?"，这样使学生在交流的同时能感悟到：快乐就是这么简单，快乐就在身边。）

师：你们说得真精彩，我们都能感受到其实快乐就在你我身边。人人都希望天天快乐，可是生活并不是一帆风顺的，我们总会遇到不愉快的事，请听下面这个小故事。

活动二：

（播放录音）有一位同学因在课堂上说话老师纠正她，过了一会儿，她忘了又跟同桌说起悄悄话，这回被老师批评了，回家就写张留言条："妈妈，今天我很不高兴，老师在课堂上批评我。我恨这位老师。"请问这位同学为了这件事，就恨老师，心情就变得很不好。这样做对吗? 为什么?

（学生回答时，老师要适当地点拨"别人提出正确的意见要认真听取"，这样使学生在交流的同时能感悟到：犯了错，别人提出正确的意见要认真听取，这样才能寻找到快乐。）

师：你们有什么办法使她快乐起来?

（敞开心扉）同学之间讨论。

（学生说出自己的想法：劝告她在课堂上说话既影响自己，也影响别人，这种做法是不对的。我们来帮助你，我们在课堂上

说话如果老师不理我们，会害我们自己。你和同学把课堂上要说的话留到课后再说。）

师：想不想知道这位同学是怎么做的呢？请同学们继续听故事。

师：听了故事后，我们知道这位同学主动地向老师认错，以后在课堂上专心听讲，踊跃发言，经常受到老师的表扬，因而她每天都像一只快乐的小鸟。

四、拓展延伸，真情流露

你遇到过烦恼的事情吗？

生1：不能看自己喜欢的电视节目。

生2：打电脑游戏，被爸爸控制时间。

生3：作业太多。

生4：考试成绩不好，被老师批评，被家长骂。

生5：被同学取外号。

生6：老师好像不喜欢我。

……

解忧：面对这些烦恼我们该怎么办？

生：可以找鱼缸的小鱼说说话；可以与小猫、小狗唱唱歌；可以到公园去散散步，看看五颜六色的花儿，看看小草；可以听听音乐、跳跳舞；与爸爸、妈妈和老师谈谈心；可以与同学出去做户外活动，如打打球、放风筝……

学生会说出自己排解烦恼的方法，这时老师要及时地给予肯定和鼓励。

五、总结

师：同学们，通过这节课的学习，你又懂得了什么道理？

学生：我知道了怎样寻找快乐；我知道了快乐就在我们身边；我学会了一件事要从多个角度去看待……

师：你们说得真好！就像大家所说的那样，生活中快乐和烦恼是并存的，想拥有什么样的心情，就在于我们自己的选择。那么就让我们从今天起，每天怀着快乐的心情去面对生活；每天把快乐的心情带给亲人和朋友，那么你将是最受欢迎的人！你将成为快乐的天使！

师：今天老师送你们一句话。（出示）

大自然有晴天，也会刮风下雨，人有快乐，也会有烦恼。感觉到烦恼，说明你长大了。（齐读）

师：最后让我们在《你快乐吗？》这首歌曲中结束这节课吧！

播放歌曲——《你快乐吗？》

2. 不同学段文体活动的设计目标

第一学段：（1、2年级）

（1）对周围事物有好奇心，就可以感兴趣的文体活动内容提出问题，结合生活经验，共同讨论。

（2）结合文体活动的主题观察周围生活，用口头或者文艺形式来表达观察所得。

（3）很热心地参加文体活动，可以表达自己的想法。

第二学段（3、4年级）

（1）可以提出文体活动中的问题，有目的地收集资料，共同参与讨论。

（2）结合文体活动的观察社会，表演与口头表达自己的活动所得。

（3）可以在老师的指导下，组织有趣味的班级主题文体活动，在活动中学会合作。

（4）可以在文体活动过后简单地解决生活的问题。

第三学段（5、6年级）

（1）为了解决在文体活动中的相关问题，可以利用图书馆、网络等信息渠道获取活动的资料。

（2）策划简单的校园文体活动，对策划的主题进行讨论和组织。学写文艺活动计划和文体活动的总结。

（3）对自己身边的事物，大家都共同关注的话题，或电视，或电影中的故事和人物形象，组织讨论，学习明辨是非。

（4）初步了解查找资料、运用资料的方法。

【参考资料】

1. 《班主任班级活动实践艺术》

2. 《班主任班级活动处理艺术》

3. 《班级活动设计与组织》

4. 无为教师教育网

http://www.wwjx.org/bbs/index.php

5. 全国中小学教师继续教育网

http://www.teacher.com.cn

【思考题】

1. 简述文体活动主题设置的注意事项。

2. 文体活动的内容设计需要遵循哪些基本原则?

3. 文体活动的组织形式有哪些?

4. 班主任在组织文体活动时需要注意哪些问题?

5. 简述开展文体活动与学生能力培养之间的关系。

第五章　小学班主任科技活动
策划与组织

　　小学科技活动是小学学校教育的重要组成部分，是按照一定的目的要求，对小学生科学素质（科学意识、科学态度、科学能力等）施以重要影响的有计划的活动，包括小制作、小发明、小实验等活动。小学科技活动的开展转变了学生的学习方式，活动的最终目的不是传授已有的东西，而是要引导学生自主地参与各项科技活动，通过自主探究、合作学习、动手操作等形式挖掘学生知识的未知领域，使其成为自觉、自由创造的人。作为小学班主任，应从学校教育实际出发，研究小学科技活动系列设计，组织开展好各类班级科技活动，以发展学生的个性，提高他们的思维能力和动手能力。

第一节　科技活动主题的设置

爱因斯坦曾经说过:提出一个问题往往比解决一个问题更重要。小学科技活动主题设置的恰当与否是活动成败的关键。组织主题鲜明、新颖、具有时代气息的科技活动,可以正确引导学生掌握科学知识,提高科学文化素质,发展学生的个性特长,培养学生的开拓精神和创造才能。

一、科技活动主题的设置原则

(一)与社会热点问题联系,体现时代性

开展小学生科技活动旨在引导学生走向社会,融入社会,体验在和谐社会中科技创造未来的美。在设计活动主题时,应充分注重引导学生关心社会热点问题,围绕社会热点问题展开相应的科技实践活动,使他们从小关注社会问题,树立与国家荣辱与共的爱国意识,并通过科技实践活动进行体验与探究。

例如在上海世博会召开期间,某校以"关注世博,关注生活"为主题,组织学生开展摄影等一系列活动,让学生用

手中的相机记录下世博会的点点滴滴。同时开展"科技让生活更美好"学生科技作品大赛,通过具有现代生活气息的电子小报、电脑PPT、电脑绘画作品,展现和谐社会(社区、校园、家庭)中朝气蓬勃、健康向上、积极创新、勇攀高峰和与时俱进的精神风貌,为世博增光添彩。

(二)从学生的年龄特点、兴趣出发,体现主动性

小学生正处于生理、心理迅速成长的时期。其思维特点是以具体形象思维为主,同时抽象逻辑思维有了一定的发展。这种思维特点要求他们的学习内容应以具体形象的事物为主。因此,小学科技活动应选择较为生动具体的主题,便于小学生感知、理解和操作,让他们获得丰富的感性材料和直接经验。此外,小学生的兴趣爱好正在形成中,虽然不够稳定,但也是推动学生进行认识活动、实践活动的内在因素。科技活动主题只有符合小学生的愿望与兴趣,学生才会有不断探究、参与的内在动力。

例如在春天来临时,某小学开展"亲近自然,关爱绿色生活"主题活动。结合学校春游,组织学生走进自然、认识自然,关注绿色环保对生活与社会发展的意义。在学生获得主观感受后,引发学生思考如何用自己的双手和智慧让大自然变得更美好,激发学生创作的热情和愿望。在兴趣的推动下,同学们主动动手制作了"爱心小鸟巢"、温馨提示标牌、创意环保垃圾桶,更好地美化了环境。通过这样的实践活动与科技活动相结合,进一步激发了小学生的求知欲,提高了小学生应用知识的能力。

(三)围绕学生熟悉的日常生活确定主题,体现生活性

主题范围过大往往是组织小学科技活动容易出现的问题之一。由于小学生的认知水平有限,不可能确定大范围的主题。因此,教师要善于发现学生身边便于开展的科技实践活动,将活动主题的范围尽量"最小化"。

例如要在小学高年级开展一项关于研究家乡变化的科技实践活动,如果主题确定为"家乡的变化与发展",那么就会发现要研究"家乡的变化与发展"的内容实在不少,对于刚参加科技实践活动的小学生来说一时无从下手。如果选择从"家乡的变化与发展"其中的一项内容——"我身边的变化"着手,让学生细心观察身边衣、食、住、行的变化,感受科技进步带来的便捷,这样主题的确定更贴近学生的生活实际,学生有了亲身经历,开展此项活动便兴致盎然。学生在活动中,感受到了科学的进步与力量,增进了学生爱科学、学科学的热情,活动的开展自然顺理成章。

(四)主题的设置要便于实施与开展,体现可行性

科技活动主题确定要以学生最关心的问题为主题展开

活动。但在活动过程中，一些班主任发现有些活动虽然是学生感兴趣的，但是受各方面条件的制约开展起来困难重重。所以说，学生感兴趣的主题未必都可行。如"研究恐龙"、"我国的珍稀动植物"、"寻找外星人"等等，这些问题对于小学生来说过于深奥和复杂，不容易操作。所以，班主任老师要和学生一起制定切实可行的小主题，既关注学生的研究兴趣又方便操作。

例如某小学开展"低碳生活之自制玩具"科技活动，主题目标就比较明确，教师可以先让学生了解低碳生活的定义，然后通过利用废弃物制作各种自己感兴趣的玩具，这样的活动比较容易操作。学生不仅在亲身实践中明白了环保的意义和重要性，同时也调动了他们参与的积极性，增强了学生继续参与研究的信心。

（五）师生共同确定研究主题，体现互动性

以往在确定科技活动主题时常会出现下面两种现象：一种是由教师选择主题，学生按着教师的思路来开展科技活动；另一种是教师完全放任，让学生凭自己的意愿或兴趣确定主题来研究。这里我们认为，在科技活动主题选择时，班主任老师绝对的控权和放权都是不对的。最好的做法应该是先让教师了解学生想要研究的内容范围，而后在教师指导下，根据学生的爱好与特长，自主选择。这样的主题应尽可能是以前未曾发现或解决的问题，能够让学生感兴趣的，并让学生自己去发现和解决。

例如柳州市某小学3年级开展了"走入生活、亲近科学、体验科技"的科技活动。其目的是通过活动，培养学生收集处理信息的能力、增长科普知识、感受科学的魅力，并且通过创造技法体验科技，提高动手、动脑、动口的能力。首先，班主任老师根据学校"科技兴校"的办学宗旨，与学生共同讨论活动的主题及内容，并写好计划书，分配小组任务，收集相关资料。通过知识问答比赛、创造技法比赛和小小发明家活动，向老师和同学进行展示和介绍。在活动中，小学生自己发明、创造的科技作品得到了老师、同学和家长的一致好评，并在学校科技馆中公开展出，学生体验到成功的喜悦，更愿意参加类似的科技活动了。

可见，科技活动主题选择的科学性是活动成功的前提。班主任老师应该在科技活动开展之前，正确引导学生确定合适的、自己感兴趣的、方便可行的主题开展科技实践活动，这样能够取得事半功倍的效果。

二、科技活动主题的选题方法

小学科技活动主题的选择要立足于学校和当地的实际情况，符合小学生的年龄特点和知识水平，能够激发小学生浓厚的学习兴趣，体现现代科技的发展趋势，将科学性、思

想性和趣味性融为一体。具体来看，小学科技活动有以下几种选题方法：

1. 课后延伸法

课后延伸探究活动，是班主任老师通过课堂教学中学生的学习反馈，选定学生感兴趣的问题，组织学生自觉学习，主动获取知识和应用知识的活动。如小学六年级语文《只有一个地球》，教学的目的在于让学生知道地球是全人类共有的家园，地球只有一个，为了人类社会的持续发展要爱护地球。在课堂教学之外，可以将所学内容延伸到课外科技活动中，例如组织"我是环保小达人"科技小报竞赛，培养学生的环保意识和实践动手能力，积极推广普及科技教育，动员全体学生学科学、爱科学、用科学；开展"低碳、环保"科技小制作竞赛活动，激发孩子们对科技创新活动的兴趣爱好，倡导环保低碳的生活理念。

2. 竞赛征集法

一年一度的全国"科技创新大赛"吸引了广大青少年。教师应抓住这一契机，在指导学生选题、实施以及对实施结果进行分析与归纳的过程中，征求学生意见，收集学生的选题，然后集思广益，形成活动方案，这样形成的方案才能反映学生的实际需求，使之真正成为学生自己的活动。如在"生物和环境科学实施活动"中设计《珍惜生命之水环保活动》，在"发明创造比赛和科学讨论会"中设计的《芝麻为什么不怕干》等，都是在指导学生参加"科技创新大赛"中形成的。

3. 学生经验法

生活在农村的学生对大自然环境的变化和农事活动具有广泛的认识和亲身的接触，并积累了许多感性认识和经验，这为设计活动方案提供了丰富的内容。如春季为学生设计《青蛙减少原因的调查》、《家乡鸟类的调查》等活动主题；暑期为学生设计周期较长、实验过程有对照、有重复的活动主题，如《对棉花进行人工授粉的试验》；秋季为学生设计《一串红越冬探究》、《放火烧荒行吗》等活动主题。

生活在城市的学生对身边科技的进步和更新有着深入的体会，电脑、手机的普及，电子产品在学习生活中的广泛应用，为同学们提供了便捷的同时，也引起了孩子们的思考：如何节能减排降低污染，如何变废为宝为美化环境做出贡献……一个个新颖的主题为学生们开拓了更为广阔的活动空间，并在此基础上组织了一个又一个生动、有意义的科技活动。

4. 实际需求法

即根据具体情况或某种需要，形成符合学生年龄特征，便于操作的活动方案，并且注意主题和内容的前后衔接性。

例如对小学四年级的学生，主要是开阔视野，解决"我爱科技活动"的问题，使学生头脑中萌生参加科技活动的意识；而对五年级的学生，主要是发展科技兴趣，解决"我会科技活动"的问题，组织学生参与集体和个人的科技活动，提高科学素质；对六年级的小学生，主要是培养一定的科技特长，促进学生的全面发展。

5. 校外补充法

科技馆是校外科普教育基地的实践平台。将科技馆作为小学校的课外科普教育基地，有利于提升青少年自我学习、自我教育的能力。如定期组织学生参观科技馆，增长科技方面的知识；专门进行科技小实验和体验，如化学、物理、生物、地理、数学小实验等；还可以开展航模、车模、剪纸、科幻画、电子、无线电、网页制作、小论文写作、机器人等主题冬、夏令营活动。

第二节　科技活动的内容设计与组织

科技活动以科技知识为载体，以实践活动为主要形式，以培养学生的科技意识、科学爱好和开发学生的创造力为目标。从内容来看，它既是分科课程综合化的一种途径，又是基础学科课程内容向现代开放的桥梁。它可以弥补分科教学中学生知识面过窄、学科科际联系不强和技术素质较为薄弱的缺点。小学科技活动内容与人们的生活和现代科学技术在社会中的应用密切相关。

一、科技活动内容的分类

从学生的年龄及认识发展和动作技能发展的不同特点出发,科技活动的内容具体设计为如下几类:

（一）科技观察类

科技观察活动的目的是引导学生了解自然界事物和现象的特征、状态和变化过程,认识自然事件对人类的作用、功用或影响。科技观察类活动内容又包括以下方面:

（1）观察水、电、空气等自然物质。如对水的观察,包括观察水的颜色、透明度、变化形态,以及不同容器或不同自然环境条件下水的流动,水的性能、功用等,了解水对人类的影响。

（2）观察动植物。主要了解日常生活中常见的动植物和珍稀动植物的名称、生活环境和条件、生活习性和生长过程,分析它们与人类的关系,对环境和人类的作用或影响。通过观察组织学生撰写观察报告或科学小论文,学校可依据实情组织学生集体活动。

（3）观察气象和天象。了解每天的气温、温度、风力风向、气压变化，了解每天的天象（如晴、阴、雨、雪）变化，认识和掌握气候的季节变化，理解气象对工农业及人类生存的影响，掌握气象观察与预报的基本知识。

（二）科技实验类

实验是通向科学宫殿的桥梁。青少年科技活动必须引导学生在观察的基础上，通过操作各种实验条件，开展科技小实验。科技实验活动的内容包括以下几方面：

（1）物理小实验。可选择学生在日常生活中常碰到的一些物理现象进行，如杠杆实验、结冰化冰实验、热胀冷缩实验等。

（2）化学小实验。围绕学生常见的化学现象选题，如食盐和糖等可溶物质的溶解实验等。

（3）生物小实验。生物小实验以学生常见到的动植物为实验对象，此选题内容最为广泛，如开展鲜花保鲜实验、花木栽培实验、种植与嫁接实验、动物养殖、蚯蚓再生、鱼类沉浮实验等。

（三）科技制作类

科技制作活动包括小制作、小发明和小创造活动。科技小制作是指学生根据科学原理制作一些简单的模型、标本、玩具和学习用具等，如航空模型、航海模型和动植物标本等；小发明和小创造活动是指学生结合生产和生活实际，应用一定的科学知识创造出新工具、新技术。开展科技活动要因陋就简、因地制宜，比如在教学制作植物标本时，根据制作要求，我们可就地取材，走出校园，采集一株植物或一片树叶，通过这次活动，学生对采集有了一个初步的认识，激发了学生的学习兴趣，增强了学生的创新意识，培养了学生的创新能力。在科技制作活动过程中，教师应积极引导，充分发挥学生的主体作用。

（四）科技游戏类

科学游戏包括小实验、小魔术、游戏表演活动等，如利用磁铁或电磁铁性质做各种游戏或魔术表演等；利用水的浮力作用把牙膏皮折成船形状，在水面上漂浮；利用热胀冷缩的性质做喷泉表演。这类活动一般是通过示范或个人表演，激发学生探究的兴趣和表演的欲望。

（五）科技文艺类

科技文艺活动的形式主要是科普故事会，如讲科学家的故事、科幻故事，还包括小品、相声、歌舞等创作表演，还包括班级黑板报、墙报等。这些活动能激发学生学科学的兴趣，陶冶学生情操。

（六）科学考察类

科学考察活动包括参观活动和对自然环境、自然资源进行调查的活动，如：参加对水文、空气、水域污染、鸟类灭绝的考察报告等活动，通过这些活动，培养学生的观察和科学研究能力，激发学生的学习兴趣，开阔学生的视野，培养学生的观察能力和科学研究能力，还可使学生受到爱国主义教育和树立正确的自然观。

科学考察活动应注意以下四个方面：

1. 准备阶段：包括对学生的纪律、目的性教育，考察方法指导，考察表格设计，人员分工。

2. 实地参观考察及观察记录，认真记录观察数据，养成仔细观察的习惯。

3. 报告整理：考察报告包括考察课题、目的要求、归纳分析、考察结论。

4. 汇报：通过主题班会、演讲会等多种形式，让学生展示自己的考察成果，达到互相学习的目的。

（七）实践操作类

这类活动包括种植、养殖、家电操作，活动中要做好观察、记录，活动后做好情况分析，及时总结经验或规律。

二、科技活动内容设计的要求

（一）以科学课程为依据，形成相对独立又相互联系的知识体系

科技活动课内容的选择必须依据学生原有的知识结构和建立在这种组织结构基础上的能力发展，违反这一原则而搞另一套就会适得其反。科技活动可以视为科学课的泛化和拓展，但不能当作科学课的延伸。

例如在小学三年级科学课本中有给身边的材料分类一课。目的是让学生了解物体是由一种或多种材料做成的，我们周围存在着许多不同种类的材料，并学会给这些材料分类。根据本节科学课，可以设计一次科学活动。让学生把自己家中的物品按材料不同分类，并按照材料可回收和不可回收的性质，自己动手制作多功能垃圾桶，解决家中垃圾分类的难题。

（二）既要有一定的统一性，又要有较大的灵活性

科技活动可因时、因地、因财、因物、因师、因生而异，从实际出发，允许有较大的弹性。一般而言，可选择一些带有普遍性的活动内容，这有助于保证科技活动的基本质量。

（三）坚持科学性、趣味性，注重应用性和综合性

首先，所选的活动应当是正确无误的知识，决不能模棱

两可，把疑惑留给学生。也就是说，对小学生来说，一般不应选择有较大争议的内容；其次，要侧重选择一些在现代生活中应用广泛的知识；第三，科技活动所蕴含的知识和培养的能力应具有相对的综合性。即活动内容应包含多学科、多章节、跨年级的经验或知识，而这些经验和知识不是生硬的拼串，而应融于一体。

（四）既要体现时代性，又要增强情感教育

例如可以组织学生到科技历史馆参观，通过观看资料，了解中国古代传统科技发明，感受中国古代劳动人民的智慧和创造精神，以此激励学生们的创造欲望和爱国的情感。

三、科技活动的组织

组织科技活动，既要遵循科学教育、创新教育的原理，又要讲究活动的艺术。如果不对活动的各个方面加以细致认真的研究，针对活动的需要及可能出现的问题予以充分准备，沿着一条科学的思路有计划、有目的、有步骤地去进行，那么这项活动就不可能达到预期的效果。

（一）科技活动的组织形式

1. 班级活动。即通过科技活动课的形式进行。小学科技活动课按照具体内容的不同，可以归纳为以下几种类型：

（1）趣味型。针对小学生好奇心强、贪玩好动的特点，

使他们在玩玩乐乐中，耳濡目染，受到科技熏陶。

（2）探究型。指导学生仔细观察，勤于思考，把学生好奇心引导到探求科学奥秘、获取新知识上来。

（3）实践型。组织并鼓励学生参加校内外科技小组活动，给他们提供动手操作的场所和参与活动的机会。

（4）专题型。主要是指科技主题班、队会，专题参观，考察，标本采集，夏（冬）令营，听讲座，看录像，召开科技信息发布会等集体活动。

（5）竞赛、展示型活动。根据小学生争强好胜的特点，开展各种科技竞赛活动，评选"小巧手"、"小发明家"、"小能手"。在班内定期出版科技板报、壁报，设立科技角和作品展示台。

（6）"四个一"活动。是指每人每月阅读一本科技专刊，收集一个生活中的科技小常识，每学期完成一件科技小发明或小制作，写一篇科技小论文。

2. 小组活动。兴趣小组活动是最基本的形式，以自愿结合为主，人数不宜过多，可分为校级和班级小组两个层次。

3. 个别活动。个别活动是在教师和家长指导下，学生单独进行的，如科技制作、小发明、饲养动物、阅读科技书刊等，可以在学校和家庭进行实践活动。

4. 群众性活动。开展校级、年级、班级以及校际和家庭

社会的科技活动。

(二)科技活动的组织原则

1. 主题鲜明

即认真设计好活动主题。这是开展科技活动的前提。科技活动的主题要醒目、鲜明,能激发起学生的兴趣。如"体验大树的悲哀——拒绝使用一次性筷子动手动脑活动","我是油城小油娃","变废为宝,巧手创新,易拉罐大行动",这些主题就很有感召力,体现了小学生的特色,能吸引活动对象积极主动地参加到活动中来。

2. 目的明确

活动目的是活动的灵魂。科技活动是一项教育活动,每次活动的实施都要有一定的教育目的。活动目的的确定要科学、实际、具体,要从活动的内容出发,要遵循教育学的规律与原则。活动目的一般包括科学态度、科学精神、科学知识与技能、科学方法和能力,以及科学行为与习惯等方面的要求。但不同的科技活动侧重点有所不同。

例如在"太阳能科技活动"——《制作太阳能汽车纸模型》小组活动中,活动的目的在于培养学生利用太阳能的观念,把利用太阳能和人类的能源问题联系起来;培养学生动手(纸工)操作的能力;培养学生自己查找信息的能力。

3. 形式新颖

即要选择创新性的活动方式与方法。科技活动形式应注重符合学生的心理特征和年龄特征，能吸引小学生积极、主动地参加进来。要具有新颖性、灵活多样、创造性等特点。科技活动经常采用的形式有听、看、写、做、画、玩等。

听——科普报告、讲座。

看——浏览科技网络，观看科普电影、表演、录像、书刊，参观展览，以及观察周围事物。

写——编科普故事，撰写小论文，编辑墙报、黑板报或科技出版物。

做——小发明、小创造、小实验、小制作。

画——科学幻想画。

玩——科普游戏、谜语、魔术。

4. 内容充实

丰富的活动内容能充分激发学生的创新兴趣，拓宽思维，能让学生动手与动脑结合，产生学生能感受到的效果。而不能只为追求形式，安排一些大而空的内容，那只会失去活动意义，甚至带来负面影响。

5. 效果明显

通过组织科技活动后能产生明显的效果。只有这样，才

能使学生感受到成功的快乐,创造兴趣就会更加浓厚。如果活动开展了一阵,学生也尽了力,什么结果也没有,那就会挫伤学生的积极性,不利于学生创新精神的培养。

6. 安全可靠

科技活动的组织要对学生的安全负责,尽量排除活动中的不安全因素,即使其中含有很多培养学生创造能力的因素,只要有安全隐患,也要舍弃。

7. 经济实惠

组织科技活动要因地制宜,因陋就简,从少花钱多办事的原则出发去考虑,做到节俭。

(三)组织科技活动前要设计好活动方案

组织学生开展科技活动,设计好活动方案是十分必要的。科技活动方案是一个可具体操作的周密安排,因此,它具有一定的模式,一项活动的方案设计由以下条目组成。

(1)活动标题。即反映活动主题的题目。

(2)活动目的。即活动的教育目的。

(3)活动范围。学校课堂教学及课外活动,家庭、社会或校外活动。

(4)活动对象。即活动年级和参加该活动的人员。

(5)活动内容、要求及选用的方法。

(6)活动准备。即活动场地设计与器材准备。

（7）活动过程。即准备阶段、实施阶段、总结评比阶段。

（8）活动的讨论与思考（或总结与体会）。

以上条目内容的叙述方式，可以根据不同内容的特点进行，但必须便于人们理解和活动实施者的操作。

【案例现场】

科技活动的组织方案——"对我乡水环境的初步调查"

北京高丽营第二小学　王立国

一、活动目的：

1．树立"爱科学，学科学，用科学"的观念，培养严谨的科学态度。

2．有创新想法，积极争取在学习、生活中有新发现。

3．在活动中，通过顽强的毅力和艰苦的探索，完成任务。

4．认识保护环境的意义，养成节约用水的好习惯。

5．充分发挥每个人的聪明才智，综合运用学过的科学知识，创造性地解决问题。

二、活动范围：校外社会调查活动

三、活动对象：小学六年级学生及辅导教师

四、活动内容及组织方式：

活动内容：对我乡水环境作出详细调查，分析原因并采取

对策。

组织方式:

1. 以小组为单位,选择调查项目,合作完成。

2. 进行安全教育,指出注意事项:

(1)注意交通安全。

(2)注意文明礼貌。

(3)到小河取水样要注意人身安全,可借助辅助工具。

(4)注意发现调查中存在的问题,并通过合作进行解决。

五、活动准备:

1. 指导教师要进行环保教育培训。

2. 为学生准备有关方面的书籍、杂志,并鼓励他们上网查询。

3. 教师要指导学生如何对收集到的数据进行整理,帮助他们撰写调查报告或论文。除此之外,还要鼓励他们用其他形式进行展示。

4. 实践调查活动在一周内完成,分析处理数据并得出调查结果,需要1个月。

5. 保障活动经费,每组约需300元。

六、活动过程:

第一阶段:提高学生的环保意识。

1. 宣传:组织学生观看环保录像、环保图片展览。

2.学习:利用现有设备（闭路电视网,广播网）进行宣传,组织讲座,让学生学习有关环保知识,提高环保意识。

3.组织班队会:以班级为单位,以保护水资源、节约用水为主题,召开班队会。

4.课堂渗透:利用自然、社会、语文、美术、音乐等学科,渗透有关水资源的环保知识,进行环保教育。

第二阶段:实践活动。

1.对教师进行培训。

2.确定保护水资源为实践考察项目。

3.选择实践调查项目。

（1）我乡自来水应用现状的调查（节约用水）。

（2）学校旁小河污染的原因（水污染的原因）。

（3）学生自选。

4.实践调查活动:

我乡自来水应用现状的调查活动:

（1）师生制作用水状况调查表。

（2）学生以小组为单位,入户进行自来水用水的情况调查。

（3）师生对有效调查表进行统计。

（4）师生对调查表进行分析。

学校旁小河污染的原因:

（1）师生制作小河观察表。

（2）师生制作水质调查表。

（3）学生自愿结成小组，对小河旁工厂的废水、垃圾进行分类并对处理方式进行调查。

（4）到小河取水样，采水样时，所调查的河段所采的水样一般不低于三个，即在河段的上、中、下游三个河段各采一个。还要注意避开最冷、最热、阴雨以及暴雨刚过的天气，以免因气象要素影响分析结果。

（5）对水质进行分析。

（6）对调查数据进行分析。

（7）学生对沿河居民进行宣传，并积极组织公益活动，如：捡拾小河水面及两岸的塑料袋和固体废物等。

第三阶段:活动总结。

1.撰写论文，总结，绘制手抄报，制作宣传展板。

2.竞赛:举行以"假如我是村长"为主题的设计大赛。

3.制作水样标本。

七、活动评价及思考:

通过这项活动，学生们受到了环保教育，同时这样的活动与学生的实际生活联系紧密，他们的热情很高，取得了良好的效果。在综合运用所学知识，提高自身环保素质的同时，也用积极的行动影响了身边的人，具有一定的社会影响力，受到家长们的好评。但是，这样的活动不仅要有丰富多彩的形式，一定的效果，还要坚持不懈地把环保意识转化为环保行为，而且应该是自觉的行为，这就需要我们教育工作者进行长期的努力，让环保教育之花长开不败，为改善北京的环境贡献自己的力量！

第三节　科技活动与学生能力的培养

一、科技活动中学生创新素质的培养

科技活动是培养学生创新素质的"切入点"。科技活动作为一种探索性的实践过程，具有科技性、实践性和探索性的特点，其任务是探索未知，其最为突出的特征就是"创新"。科技活动是培养学生创新素质的最佳切入点。正如苏霍姆林斯基所言："在活动的实践中，学生能感到自己是一个发现者、研究者和探索者，体验到智慧的力量和创造的欢乐。"这种深刻体验又进一步激发了他们热爱科学的浓厚兴趣和进行创新活动的激情。

（一）在科技活动中唤醒学生的"创新"精神

"创新"精神，主要包括好奇心，探究兴趣，求知欲，对新事物的敏感性，对真知的执着追求，对发现、革新、开拓、

进取的百折不挠的精神。这是进行"创新"的动力，也是培养"创新"能力的基础。科技活动形式灵活多样、内容丰富多彩，可以突破课本内容和形式的局限，密切联系实际，反映最新技术成果，最大限度地唤醒学生的"创新"精神。

培养学生的"创新"精神首先要激发学生的探究兴趣、好奇心。在活动中，我们安排科技小组的同学参观、听专家讲座、了解科学发展的美好前景、学习专家开拓进取的精神，激发科技"创新"的兴趣、好奇心、探究冲动，并且在实践中经常鼓励"创新"、鼓励突破定论。

（二）在科技活动中发展学生的"创新"能力

"创新"能力，主要包括创造想象能力、创造性思维、创造性地完成某项活动的能力。科技活动作为探索未知的实践活动，必然要求学生在活动中能联系实际、发现问题、广泛联想、大胆想象、灵活独特地解决问题，从而进一步培养创造性思维。创造性解决问题的成功喜悦和由之激发的浓厚兴趣又会产生巨大的"内驱力"和强烈的创造意识，推动创造思维的形成和进一步发展。

（三）在科技活动中确立学生的"创新"人格

"创新"人格属于非智力因素范畴，主要包括责任感、使命感、顽强的意志、毅力，能经受挫折、失败的良好心态，以及坚韧顽强的性格。它对"创新"结果的最终实现有着重要影响。"创新"人格的培养需要指导教师耐心细致,时刻关注学生的思想状况,言传身教,晓之以理,动之以情,不断激励,在科技活动实践中才能逐渐形成。科技活动可以不断发展"创新"人格,"创新"人格的形成又积极促进"创新"能力的发展。创新精神、创新能力、创新人格三者相互联系、相互影响,在科技活动中同时得到培养,最终共同表现为"创新"素质。

二、科技活动中学生分析和解决问题能力的培养

(一)科技活动激发了学生解决问题的动机

例如在车模活动中,让一辆玩具坦克和一辆玩具小汽车沿直线运动,请设法比较它们的快慢。问题一经提出,学生就跃跃欲试,提出各种方案:有的用定时测距的方法;有的用定距测时的方法;有的分别测出一定的距离和相应的时间,计算出各自的速度再加以比较……活动的气氛远比课堂做笔头练习要活跃得多。

再如在校科技节中,老师将一玻璃缸展示在学生面前,告诉学生要表演海底火山"喷发",立即引起了学生的注意。当把灌有热水并滴入红墨水的小瓶放入冷水缸中,小瓶里的红色水立即"喷发"出来。此时,无需发问,学生就会立即投

169

第五章 小学班主任科技活动策划与组织

入积极的思考之中：小瓶究竟有什么"玩意儿"？……奇妙的现象唤起学生一连串大胆的猜测和想象。为什么学生十分活跃？原因就在于实践活动更加形象、生动，创造了满足学生好动的心理的学习情境。

（二）科技活动奠定了思维加工的基础

通常教师不得不用"文字"把某些现象和条件告诉学生，即使某些隐含条件，也只能通过学生的阅读和思考来发现，而在实践中获取知识却是不大一样的。培植花草、饲养小动物是最常见、最基本的"实验"活动。学生对自己种植的花草、饲养的动物往往倍加爱护和关心，对它们的生长的观察也特别细心。比如，养蚕可以观察到蚕如何吃桑叶，如何蜕皮、吐丝、结茧，如何孵化成蚕蛾等等；饲养小乌龟，可以观察它的形态、颜色以及冬眠的情景。通过这些活动，学生们对动植物的认识就不会停留在一般的、泛泛了解的水平上了，而是有了鲜明的印象和生动的感性基础，对生物的生长变化、习性状态有了初步的分析和概括力。学生通过科技活动，自己动手、动脑，获取的感性信息很好地奠定了思维加工的基础。

（三）科技活动提高了学生解决问题的能力

实践中蕴藏着极其活跃的因素，会出现许多意想不到的问题，学生能直接从实践中及时地获得反馈信息，有利于提高学生的实践意识和评价能力，对于深化知识和训练思维大有益处。一个学生对解决某一实际问题提出自己的设想，如果仅仅是口头或笔头上设想，往往会忽视其他因素的干扰，也很难及时对假设作出评价，而实践活动就可能迅速地给出某种反应，引导学生坚持或调整自己的方向。在一次车模活动中，教师组织学生利用废旧物品做小车。学生根据设计方案，用收集来的废旧材料制作出了各具特色的小车。可是，问题接二连三地出现了，有的车轮掉了，有的不能行进……该怎么办？针对这些问题，学生提出了不少设想：在车轴上涂胶水固定轮胎或用胶带粘住，轴孔挖得大些等。经过大家思考、讨论和实践，终于找到了最佳方案。增加每个车轮的厚度或车轮两边放夹片可以固定车轮，车轮也不会歪；车轴套上吸管减少车轴与车身的摩擦；在车上放块磁铁，用磁铁的性质来驱动小车。虽然这是一个较简易的动手实践活动，但在活动中学生却学到了许多练习本上学不到的东西。

三、科技活动中学生群体意识的培养

科技活动培养学生的群体意识，学会做合作的"引路人"。现在的孩子，个体意识增强，群体意识减弱，有的孩子很不合群，甚至成了孤独的"小可怜"。我们提倡培养竞争能力，又往往忽视了培养合作能力。在科技创新活动开展的过

程中，老师与学生、学生与学生在真诚而有效的合作中开展交流，积极地发挥着学生的主动性、创造性，努力发挥个人的优势与才华，可以给学生带来成功的喜悦，让学生在获得成功的过程中意识到集体的力量，意识到合作的重要性。同时，科技创新活动的开展，在与社会接触的过程中，学生的社会交往能力得到了培养、锻炼、提高，让学生不但知道了什么是合作，而且懂得相互之间如何沟通，意识到群体的重要性，群体的竞争力。

四、科技活动中学生动手操作能力的培养

通过活动，不但要培养学生会动脑，还要学会动手，参加实际操作，学会使用工具，学会一些简单的实用的技术。例如小制作、小发明活动，这是由学校或校外教育单位统一组织和群众性的实践活动。其中小制作是凭借双手或简单工具和材料完成的某种实物作品，而小发明则要求运用科学知识和科学规律，针对生活、学习或劳动中遇到的不称心、不顺手和不方便的事物，创造性地设计和制造新产品。这类活动的选题广泛、取材方便、手脑并用，而且容易引发儿童的科学兴趣，对培养他们的动手能力和创造精神有重要作用。

因此，在组织科技活动中要充分发掘学生的好奇心，激发他们学习的求知欲和创新的兴趣，全面提高学生的心理素质，拓展学生的知识视野，充分利用各种外部和内部条

件，启迪学生的创新思维，提高他们的科技创新能力，鼓励他们创造发明，使他们都能成为我国科学技术现代化的后备人才。

第四节　案例分析与技能指导

【案例1】

一、案例展示

某城市小学开展科技活动——"四棱豆的种植"

活动目的：四棱豆的营养价值高，被称为"绿色的金子"，在全国尚未普及，主要是种植的要求高，难度大。组织活动的目的是从培养学生学科学、用科学的意识出发，在试种过程中，着重培养学生的观察能力，参与意识，积极探索，不怕苦、不怕累、勇于钻研的创新精神。通过这次活动，培养学生尊重科学、热爱科学、长大为科技创新做贡献的情感，提高学生的全面素质。

活动内容：（一）开辟种植园，组织学生围建种植园四周花墙。（二）平畦整地，施足基肥。（三）种植。

二、案例诊断

案例1中科技活动主题脱离学生的日常生活，不切合实际。

本活动目的是让学生了解农业科技，培养学生的劳动技能和大胆实践的创新精神。可以说出发点是好的，但在选择内容上却脱离了学生的日常生活实际，显得过难，过偏。把学生们陌生的、从没实践过的内容列入科技活动的主题，这样不容易激发学生的兴趣和主动参与的热情，不能达到活动预期的效果和作用。

三、技能指导

小学科技活动的主题应激发学生兴趣，从"奇"处选题。例如某校六年级有两个科技活动选题是这样产生的。下面请看学生的两篇日记：

（一）星期天，我在家做作业，房子里很安静。忽然，柜顶的纸箱子里传出来"吱吱"的声音——是老鼠。我正要去赶，那声音又变了，怪怪的，像是在打斗。一会儿，声音消失了。我还注视着那里，却发现从柜底跑出一只黄鼠狼……哦，我全明白了，心想，黄鼠狼可比猫厉害多了。

（二）校园西边的院墙长了一片枸树，影响了学校的环境。我们班组织劳动，砍了好几遍，又连根挖，但没过多久，它们又长起来了，而且面积越来越大。它们的生命力多顽强啊！我想，能不能把它们栽在江边、河岸上，帮我们防水固堤呢？

教师及时捕捉了这两位同学的细心与好奇的心理，指导学生开展了两项科技活动——"保护黄鼠狼"，"枸树的生命力"。激发了同学们的兴趣，同学们积极响应，收到了很好的效果。可见，兴趣能使学生产生无穷的动力。小学科技活动要激发学生的兴趣，从"奇"处选题，更符合学生心理。

【案例2】

一、案例展示

小学二年级科技活动——"照图施工式科技制作——土电话"

1. 活动内容：制作土电话。土电话是利用声音振动传播的原理设计的。它取材简单，制作方便，适合低年级学生制作。

2. 教师讲解制作方法：

①话筒。找两只塑料冰淇淋杯或纸杯，用剪刀把杯底剪掉。每个纸杯都是既做话筒又做听筒。

②振动膜。用牛皮纸做振动膜。将纸剪成圆形，比纸杯底直径略大。用胶水将圆贴在杯底，纸尽可能拉紧。

③穿线。找一根几米长的棉线，把两个纸杯连起来，用大头

针在纸杯振动膜中心穿一小孔，把棉线分别穿入两个纸杯中，并打个结。这样，土电话就做成了。

3.学生照图施工，动手制作。

4.展示作品。

二、案例诊断

案例2中把科技活动等同于简单的手工制作，这是许多教师在组织活动时存在的误区。

科技活动绝对不等同于简单的手工制作，活动的最终目的不是教师传授已有的知识，让学生学会某种技能，而是要引导学生积极地参与科技活动，通过自主探究、合作学习等形式挖掘学生潜能，鼓励学生动手、动脑，大胆创新、实践。使其成为能够自觉、自由创造的人。本案例教师如能在给予学生物质和技能支持的前提下，放手鼓励学生们自由想象、大胆创作，会收到意想不到的效果。

三、技能指导

游戏可以促进科技活动的开展，把枯燥、单调的课堂变得生机盎然，同时可以提高学生的动手、动脑的能力，培养学生综合的科学能力和素养。

例如某教师设计了一次科技实验活动——摩擦起电。在摩擦起电，吸附轻小物体的实验中，教师给孩子们提供的只有几种摩擦材料,让孩子们在游戏中尝试哪些材料可以通过摩擦起电、孩子们在实验过程中似乎"玩"得不够尽兴,于是,他们便提出:"老师,是不是所有的东西都可以摩擦,吸住小纸片呢?"教师说:"那你们可以试一试!"接着,孩子们便如火如荼地行动起来。只要能够拿得起来的东西,他们全用上了,像女孩头上的发卡、手术专用手套,等等。结果还发现不少东西的摩擦效果比教师事先提供的材料好得多。孩子们的好奇,不仅使自己动了手、动了脑,还在游戏中进行了一次有意义的科学尝试,意义不小。

实践证明,科学游戏深受学生的喜爱,是保障科技活动顺利进行的前提。它集自由性、趣味性、假想性和创造性于一体,这些属性与小学生的好奇、好玩、好动以及无忧无虑的年龄特征完全契合。我们进行科学游戏的目的,并不是为了让学生掌握多么深奥的科学道理和科学术语,而是激发他们强烈的好奇心,以游戏促进科技活动的开展,让他们积极主动地投入到操作活动中,进行有益的科学探索,大胆进行尝试,发现科学现象,增强探索欲望,在玩中学科学,在愉快体验中学科学,从而培养他们从小崇尚科学、爱科学、学科学的品质。

【案例3】

一、案例展示

在一次科技活动中，教师提出一个主题"未来的……"（从学校方面选材），号召学生开动脑筋，大胆想象，用图画的形式展示自己幻想的未来社会可能创造发明出的神奇事物，以及它给人们生活带来的便捷。通过此次活动激发学生爱科学、学科学的热情，培养学生综合的科学素养。

二、案例诊断

案例3的活动形式单一，缺乏新意。

从主题来看，本次科技活动创意十分新颖，符合小学生的年龄特点，能引起学生们创作的欲望和热情。但从形式来看，却过于单一，科技活动的形式具有丰富多彩、灵活多样的特点，一般不受课堂时间和空间的限制，可以因人而施，因时制宜，因地制宜，极其生动活泼。学生可以在实验室里寻找课题，可以在家庭厨房里寻找课题，可以在庭院和操场上寻找课题，也可以在游乐场和旅行途中寻找课题……可以采用听、看、写、讲、做、画、玩等多种形式展示自己的想法，这样的科技活动才会从全方面培养学生的科学素养，达到更好的教育效果。

三、技能指导

　　小学要开展形式多样的科技活动，避免单一和缺乏新意。教师可以把科技馆作为学校科技活动的第二课堂。如为普及防震抗震知识，某小学的200余名师生到丰台科技馆，上了一堂生动的防震减灾课。在地震互动展厅里，讲解老师为同学们详细介绍了地震成因、地震前兆、防震抗震措施、公共场所避震逃生的正确方法及震后如何自救互救等知识。听完讲解后，同学们轮流在全息地震小屋中体验地震发生的全过程。孩子们正在"教室"里学习，这时耳机里传来阵阵轰鸣声，脚下也随着震动起来，有人喊"地震了"，参与体验的同学们有的非常冷静地蹲在桌下，用手护住头部；有的不知所措，发出尖叫声……

　　通过体验，让同学们身临其境地感受到地震所带来的逼真效果。同时，也让同学们懂得了一个深刻的道理：其实灾难并不可怕，可怕的是对灾难知识的不了解，当灾难来临时束手无策。只要掌握了正确的避险知识，我们就能有效地预防和最大限度地降低灾难带来的损失。短短一个多小时的"课程"结束了，师生们受益匪浅，纷纷表示，在这里填补了学校安全教育的空白。

　　科技馆作为社会教育场所，是对学校教育的重要补充，可谓是学校科技活动的第二课堂。它将枯燥、抽象的课本知

179

识以生动、直观、互动的形式展示出来，能有效弥补学校教育的不足，解决学校课堂教育不易解决的问题。它能配合学校的素质教育，针对青少年的个性特点开展丰富多彩、形式多样的科技活动，从而激发青少年对科学的兴趣与热情，提高其科技意识与创新能力，为培养高素质人才服务。这对于拓宽青少年的思维，培养他们的观察、动手和创新能力具有重要意义。

又如某校组织了这样一次科技活动，让学生通过上网查找资料、询问家长、去科技馆调查等途径，了解中国古代玩具的种类和神奇，感受传统智力玩具与现代智力型电子游戏玩具的区别。这一主题引起了同学们强烈的好奇心，九连环、七巧板、华容道、鲁班锁、四喜人等中国古代玩具走进了同学们的世界，同学们在探索、玩耍、求证中对中国古代玩具产生浓厚的兴趣，同时也感受到了中国古代劳动人民无限的智慧，增强了同学们的民族自豪感，同时也激发了孩子们对科学的热爱和对创造发明的热情，活动收到了意想不到的效果。

1. 中国古代经典益智玩具

经典一：七巧板

七巧板也称"七巧图"，是中国著名的拼图玩具。因设计科学，构思巧妙，变化无穷，能活跃形象思维，特别是启发儿童智慧，所以深受欢迎。传到国外后，风行世界，号称"唐图"，意即"中国的图板"。七巧板经过唐元的发展，到了清代嘉庆年间有"养拙居士"在综理拼玩实践的基础上写成《七巧图》一书刊行后，其形制乃成定式，即大三角形两块、小三角形两块、中三角形和正方形、菱形各一块，合成一个正方形或一个长宽二比一的长方形。由于这种玩具简单到可以由小孩子自己用厚纸板制作，而玩起来的无穷趣味足以使成人为之着迷，所以流传极广。北京故宫博物院现存的清朝宫廷玩具中，就有一副盛放在铜盒中的七巧板。

经典二：孔明锁

孔明锁也是中国传统的智力玩具，相传由三国时期的诸葛亮发明。这种三维的拼插玩具内部的凹凸部分啮合，十分巧妙。孔明锁类玩具比较多，形状和内部的构造各不相同，一般都是易拆难装。拼装时需要仔细观察，认真思考，分析其内部结构。

经典三：九连环

九连环起源于古代民间，在明代得到普及，至清代，上至士

大夫下至妇孺童叟都喜欢玩九连环。《红楼梦》第七回中还有一段关于九连环的叙述：谁知此时黛玉不在自己房中，却在宝玉房中大解九连环。九连环被西方认为是人类发明的最奥妙的玩具之一，引人之处在于游戏过程中环环相扣的连续性。成品九连环由九个圆环和框架组成。此玩具对开发智力、培养学习、活动手指筋骨均有益处。

经典四：华容道

这是一个由经典的故事发展而成的益智玩具。鹿港"曹瞒兵败走华容，正与关公狭路逢。只为当初恩义重，放开金锁走蛟龙"。这首诗是《三国演义》里，作者对赤壁之战关公放走曹操的感慨。"华容道"这一古老的智力游戏，就取意于这段故事。由于该游戏变化多端，精深莫测，具有百玩不厌等特点，被称为世界"智力游戏界的三大不可思议的游戏"之一。

棋子的游戏规则是：只准利用2个空平面移动，不许把棋子重叠，也不许跨过任何棋子，要想法用最少的步数把曹操移到出口。只许曹操出去，别的棋子不许出去。本游戏的目的就是通过移动各个棋子，帮助曹操从初始位置移到棋盘最下方中部。

经典五：中国象棋

中国象棋具有悠久的历史。战国时期，已经有了关于象棋的正式记载。经过近百年的实践，象棋于北宋末定型成近代模式：32枚棋子，黑、红棋各有将（帅）1个，车、马、炮、象（相）、士

（仕）各2个，卒（兵）5个。南宋时期，象棋"家喻户晓"，成为流行极为广泛的棋艺活动。

经典六：围棋

围棋是中华民族传统文化中的瑰宝，它体现了中华民族对智慧的追求，古人常以"琴棋书画"论及一个人的才华和修养，其中的棋指的就是围棋。被人们形象地比喻为黑白世界的围棋，是我国古人所喜爱的娱乐竞技活动，同时也是人类历史上最悠久的一种棋戏。由于它将科学、艺术和竞技三者融为一体，有着发展智力、培养意志品质和机动灵活的战略战术思想意识的特点，因而，几千年来长盛不衰，并逐渐地发展成了一种国际性的文化竞技活动。

2. 中国古代科技发明史（100项）

我国人民自古以来都有发达的创造性思维，具有发明的光荣传统。除了有著名的四大发明（火药、指南针、印刷术、造纸术）以外，还有许多的科技发明，它们是中国古代劳动人民的智慧和汗水的结晶。

1. 十进位制（公元前1400年） 2. 真漆（公元前1300年） 3. 米酒（公元前1100年） 4. 锄和耙（公元前600年） 5. 铁犁（公元前600年） 6. 大调音钟 7. 喷水鱼洗铜盆（公元前500年） 8. 植被勘测 9. 风筝 10. 太阳黑子（公元前400年） 11. 铸铁 12. 风箱13. 石油和天然气燃料 14. 零位数 15. 指南针 16. 第一运动定律 17. 驾风筝飞行 18. 化学战、毒气、烟幕、催泪 19. 弩

机 20.马的挽具 21.第一浮雕地图（公元前300年） 22.第一条循等高线挖掘的运河 23.手摇扬簸风车 24.多管条播机 25.计量制地图法 26.转动曲柄 27.万向节（平衡架） 28.铸铁制钢 29.造纸 30.血液循环记载 31.人体生物钟 32.内分泌学 33.负数 34.雪花六角形结构 35.降落伞 36.小型热气球 37.调音鼓 38.深井天然气（公元前100年） 39.手推车背带 40.独轮车 41.水力利用 42.滑动测径器 43.高根开方和高数方程求解 44.十进制分数 45.内丹术 46.链式水车（公元100年） 47.悬索桥 48.舵 49.灯影戏（公元200年） 50.地震仪 51.自燃 52.先进的地质学 53.桅与帆 54.水密舱 55.指南车 56.钓鱼竿转轮 57.马镫 58.制瓷 59.生物性虫害控制 60.营养缺乏症 61.圆周率精确度 62.在几何学中的应用代数 63.罗盘 64.音色理论 65.制伞（公元400年） 66.直升机水平旋翼和推进器雏形 67.蒸汽机雏形（公元500年） 68.透光铜镜 69.炼钢 70.轮桨船 71.太阳风（公元600年） 72.火柴 73.象棋 74.旱地船帆 75.拱桥（公元700年） 76.烧酒 77.甲状腺素应用 78.糖尿病 79.火箭、多节火箭 80.机械钟（公元800年） 81.印刷术 82.纸牌 83.纸币 84.长明灯 85.地球磁偏角 86.火药 87.星图（公元1000年） 88.链式传动 89.免疫学开端（人痘） 90.荧光画 91.运河船闸 92.喷火装置 93.照明弹、烟火、炸弹、手榴弹、地雷、

水雷　94.水下救捞技术（公元1100年）　95.纺车　96."帕斯卡"三角形97.残磁感应　98.浑天仪（公元1300年）　99.枪、炮、迫击炮、连发枪　100.音乐的平均率

【参考资料】

1.《创新之路：青少年科技创新教育活动辅导与研究》

2.《优秀科技实践活动汇编》

3.《发达国家科技活动教育的最新理念和实践》

4.《青少年科技教育与活动评价》

5.《科技乐园：探索游戏中的科学》

6.《小学科技活动方案设计指南》

【思考题】

1. 科技活动的主题设置需要遵循哪些基本原则？

2. 科技活动主题的选择方法有哪些？

3. 简述科技活动的内容种类。

4. 科技活动的内容设计需要注意哪些问题？

5. 科技活动有哪些具体组织形式？

6. 简述科技活动的组织原则。

7. 试述科技活动与学生能力培养之间的关系。

第六章　小学班主任劳动技术 活动策划与组织

　　劳动技术教育是基础教育的重要内容。在小学阶段，劳动技术课程从原来的学科课程被纳入新的综合实践活动课程，与研究性学习、社区服务与社会实践和信息技术教育一起成为综合实践活动课程的四大领域。在基础教育新课程理念指导下，如何继承与发扬传统劳动技术教育的优势，实现传统劳动技术学科向综合实践活动的转型是广大一线教师面临的新的课题。

第一节　劳动技术活动主题的设置

　　新课程改革纲要中，将劳动与技术教育列为综合实践活动中一个指定性学习领域，突出了劳动技术教育的综合性、实践性和应用性。劳动技术活动不能完全等同于综合实践活动，劳动技术活动更侧重学生劳动观念的培养、劳动工具的科学使用以及劳动技术意识的初步培养。与综合实践活动更倾向于学生的直接经验有所不同，劳动技术活动更需要教师做出一定的讲解、示范、演示和训练，在学生已有经验的基础上，通过教师的积极引导和动手操作，获得劳动体验，形成良好的技术素养。

一般意义上，劳动技术活动主题包括以下四大类：劳动实践类、技能训练类、工艺制作类和职业体验类。

一、劳动实践类

这类活动主要包括自我劳动服务、公益活动、简单生活劳动等。如到企业、厂矿进行的调查实践类活动，到社区开展的公益性活动（敬老院、儿童福利院、居委会等），到农村、林场等进行的简单生产劳动（种植、栽培、饲养）等。

例如有位班主任老师组织学生参观养猪场，很多城市学生以前根本没有看过也没有进过养猪场，一开始的时候很多学生捂上了鼻子，觉得那里的气味很难闻。而当听过工作人员介绍后，他们开始不知不觉地放下手，还不停地向工作人员提问，从各个方面了解养猪场的具体细节，例如如何管理、如何饲养、如何销售、如何解决危机和困难等。通过

这项活动，不仅使学生们了解了养猪的过程，更主要的是让学生体会到创业的不容易，体会到要热爱劳动、珍惜劳动成果。

开展劳动实践类活动是学校教书育人和学生成长、成才的重要环节，是发挥学生知识技能优势的重要渠道。作为教师要多创造机会让学生参加一些社会实践，增长他们的社会经验和劳动经验。

二、技能训练类

这类活动包括对常见工具的使用，对日常生活用品的使用、维护和保养等。如做饭、洗衣、缝补，以及对铲子、钳子、剪子等工具的正确使用等。

例如某校"小学生劳动家庭联系卡（高年级）"中要求，学生要能有条理地放置、摆设室内小件物品，会晒被褥和叠放衣服，能洗外衣、毛衣等衣服，认识并初步掌握洗衣机、录音机、电冰箱等家用电器的使用方法；学习使用常用餐具做简单的饭菜；学会手针的几种常用针法，使用手针缝补衣服、钉纽扣和制作简单的布制品；初步学会使用简单的木工、竹工、金工工具，能对损坏的课桌椅进行简单的维修；在老师的指导下制作学具。

技能训练类活动可以实行家校合作的方式，让家长配合学校教育工作，督促子女重视劳动并积极参加劳动，对学生的日常生活劳动技能进行培养。这样的活动，也有利于加强学校与家庭的有效沟通，将学生的学习与教育置于真实的生活情境中，促进个体的全面发展。

三、工艺制作类

这类活动包括传统工艺品制作、编织、泥塑、雕刻、电子等作品的制作。

例如某校四年级学生在教师指导和帮助下，用废旧月饼盒制作出精美的人物、钟表、船只等手工艺品。通过这项制作活动，既提高了学生的动手能力，又增强了学生低碳环保的生活意识。

在学生进行工艺品制作的过程中，教师首先应该向学生讲解基本的制作方法，并进行简要示范；然后让学生尽情发挥自己的想象，给学生较大的思维和创作空间。教师应鼓励学生灵活运用多种材料、多种工具，以培养学生的实践技能和创新能力。

四、职业体验类

这类活动主要是指学生结合知识与技能的学习，以一定的职业理解和体验为目标，在一定的职业岗位上实地扮演职业角色、进行职业实践的活动。如在纪念馆中当小小解说员，在商场和超市中当小小售货员等等。

【案例现场】

小小解说员

"中华民族五千年，写在延安山水间；延安好，好延安，延安处处换新颜；要不是看见宝塔山，还以为是在上海滩。"我对革命圣地延安的标志性建筑宝塔山向往已久，文字里听说过，图片里见到过，但走到宝塔山前，却邂逅了介绍宝塔山的另一种方式：打快板。

快板声一起，这个戴着矫正眼镜的小男孩就成了焦点，瘦弱的他在腰间别了扩音器，为了让自己表演起来更像大人，他还刻意地捏粗了嗓子，围观的群众哈哈大笑起来，给他鼓掌加油。小男孩儿叫姬佳成，是延安职业技术学院附属小学三年级的学生，今年才9岁，他冷静沉着地介绍完宝塔山的典故和延安城的历史后，我才在对话中得知，今天是他当实习解说员的第二天。

"我刚刚学会快板，就参加了我们学校组织的延安精神小小宣讲团的选拔，有20多个候选人呢，我觉得我表现得比昨天更好了。"姬佳成说。"延安精神小小宣讲团"是延安职业技术学院附属小学从1992年就开始搞的一项特色活动，宝塔山、杨家岭、枣园等革命遗址纪念馆的负责人把解说词改得生动活泼，便于孩子阅读朗诵；而孩子们都把当上正式的小小解说员当作莫大的荣耀。

"这已经成了我们学校的传统，这些正式上岗的小解说员们会利用自己的休息时间来到景点给五湖四海的游客义务做讲解。"带着孩子们来宝塔山锻炼的班主任艾芳老师说。

"因为孩子眼睛弱视，所以他平时都戴着大大的矫正眼镜，而且长得特别瘦小。我让他站在宝塔山前大声地给游客作介绍，是为了培养他的自信心。昨天是他第一次正式站在景点解说，游客反响很好，这给了他极大的鼓舞，今天他的劲头更足了。"姬佳成的爸爸说。

孩子们为解说延安感到骄傲无比，这种新奇的形式也让游客感到新鲜有趣。三年级的小姑娘乔楠占了有利的地形，在可以眺望延河的栏杆边上，她一遍遍地给大家讲解说："在上个世纪初，巍巍宝塔山、滚滚延河水，吸引了无数人奔赴延安圣地。"四年级的师溢锴已经当了一年的小解说员，她和刚刚加入的张子桐合作打起了快板："手捧着红枣一颗颗，歌声飞出了心窝窝。"……（经济日报记者陈莹莹）

职业体验类活动的场所不仅可以设在学校以外，有时也可以根据学校实际设在校园内或特定场所（职业体验中心、职业体验馆等），给学生创设一定的拟真情景，让学生参与体验。例如郑州中原外国语小学为进一步丰富学生的课余生活，鼓励学生学习与真实社会的互动，增强对职业工作的认识，组织开展了一次别开生面的职业体验活动。教师事先

与不同职业工作人员进行了交流和沟通，为学生设置了警察局、邮政局、兵营等场景，准备了不同职业人员的工作装，学生们在教师的指导和组织下，体验了邮递员、士兵、警察等多种角色。这种体验活动不仅让学生了解了不同职业的工作性质和意义，同时也让学生体会到梦想实现的乐趣，体会到服务他人、为人服务的快感。

第二节　劳动技术活动内容的设计原则

劳动技术教育是一个综合性强，与学生生活实际联系紧密，且以实践为主体的基础性学习领域，以学生的亲历实践、手脑并用为主要特征。劳动技术活动在具体内容的组织与设计过程中，需要遵循以下基本原则：

一、教育性原则

苏霍姆林斯基曾说："一年年积累的事实更有力地证明，这里面有一种直接的联系。手所掌握的和正在学习的技艺越高超，儿童、少年和青年就越聪明，他对事实、现象、因果联系、规律性进行深入思考和分析的能力就表现得越鲜明。"可见，劳动和智慧两者之间关系非常密切。在劳动中，大脑学会思考，思考产生智慧，有了智慧人才可以进行再创造。

学校劳动技术活动的目的不仅在于加强学生的劳动操作技能，更主要的是通过活动和实践体验，培养学生劳动的观念和意识，珍惜劳动成果，热爱劳动人民。例如某校开展的《饺子文化节》活动，教师安排了饺子的传说、各地的风俗、饺子的各种包法、煮饺子的基本方法和技巧等活动环节。教师讲解后，学生不仅在课堂上进行包饺子的练习，还可以回家以后进行尝试。学生经历了包、煮的实践，纠正了过去在包饺子、煮饺子时存在的错误方法，帮助家长做了家务活，同时也用行动体现了对父母的感恩，充分体现了劳动技术与思想教育相结合。

二、实践性原则

劳动技术活动最大的特点就是它的实践性。这不单单是因为劳动与技术教育是综合实践活动的重要领域之一，同时也在于学生所学的有关生活、生产劳动的基本知识和技能必须通过实践操作来加以展现。这就要求在活动组织和实施中，必须突出其实践性，重视手脑并用，理论与实践密切结合。

为配合劳动技术活动的有效开展，学校可以设立校外劳动实践基地。如"小农场、小果园、小花园、小鱼池和小工厂

等"，学生在这些实践基地中进行尝试和体验活动，充分调动学生劳动的积极性和主动性，有助于培养学生热爱劳动的优秀品质。例如湖南省邵阳市将劳动实践场所建设与管理纳入合格学校和合格农村寄宿制学校的检查评估中，各学校将劳动实践课列入了学生的课程表。据统计目前该市每所农村学校都有自己的劳动实践场所，共有小猪场1369个，小菜园1670个，小鱼塘1270个，小果园1061个。在劳动实践基地成立的基础上，各校积极研发校本课程，编写校本教材，供学生学习。这些校本教材不仅提高了学生的学习兴趣，同时又让学生学到了真的本领。通过实践基地、劳动场所的培训学习和校本教材的继续学习，学生学到了一技之长，并利用所学的知识，为家乡建设服务。

三、综合性原则

劳动与技术教育隶属于综合实践活动，除了具有综合实践活动的实践性特征以外，同时还具有综合性特征。这就要求在活动的组织和设计中，要注意综合性原则的体现。

劳动技术活动涉及学生生活的方方面面，它与基础教育阶段的各门学科都有一定的联系。它综合运用数学、语文、艺术、科学等学科的基本知识，同时也融入了社会、经济、法律、心理、环境等方面的教育内容。在多数情况下，劳动技术活动是这些学科知识和能力的综合运用。例如劳动技术活动可以与科学学科知识、天文地理知识、物理学知识等相互交融，互相渗透。此外，劳动技术活动还可以与学生的日常生活相联系，如个人衣物的整理、生产生活工具的应用等，通过实际生活来激发学生的劳动技能情绪，树立服务于他人、服务于社会的信念。

扬州市世明双语学校劳动术活动技能类（日常生活技能类）

项目名称	教学活动内容	知识	能力与技能	情感态度价值观	行动	影响
自己的事情自己做（低年级）	1.叠被子	知道被子是怎么做的，怎么叠被子，叠被子是为了床褥卫生	会叠被子，知道怎么才能把被子叠好看，不同年级叠被子要求不同	知道叠被子是为了让床铺变得整洁，能欣赏自己和别人的劳动成果	养成叠被子的习惯	在学校自己叠被子，在家里也能养成叠被子的习惯，帮助需要帮助的人叠被子
	2.洗袜子	知道洗袜子需要哪些物品，并了解各种物品的功能，了解洗袜子的过程	正确使用洗涤剂洗袜子，会晾晒袜子	知道自己的事情自己做	每天坚持自己洗袜子	自己的袜子自己洗，帮家人洗袜子。从洗袜子入手，再洗其他衣物
	3.晒鞋子、擦鞋子	知道为什么要晒鞋子，知道鞋油作用和种类	掌握晒鞋子的方法；会擦鞋子，对不同鞋子会用不同的清洁方法	知道自己的事情自己做	养成晒鞋子的习惯	主动帮助家人晒鞋子
	4.穿衣服	知道衣服有不同的穿着方法	会穿各种式样的衣服	知道自己的事情自己做	每天自己穿衣服	坚持自己穿衣服，不管在学校还是在家里
	5.系鞋带	知道鞋带有各种式样	会系鞋带	知道自己的事情自己做	自己系鞋带	会帮不会系鞋带的同学，学习或各种系鞋带的方法

扬州市世明双语学校劳动技术活动（工艺制作类）

项目名称	教学活动内容	知 识	能力与技能	情感态度价值观	行 动	影 响
我有一双艺术的手（根据不同年级设置不同难易的要求）	1. 给娃娃缝衣服	认识针、线，知道衣服的组成	能正确使用针和线，并能简单缝制衣服	乐于使用针线缝补衣袜	能帮助弱小，做一点所能及的事	从帮助娃娃开始帮助身边需要帮助的人
	2. 我和种子一起成长（小种植）	知道植物种子的分类，种子生长成长需要的条件	能种出一棵小苗	知道植物的一生及遇到的困难，能联系自身进行思考	会种植，了解植物生长过程	能了解一些植物的生长过程，激发对生物的兴趣
	3. 五彩的纸花（民间剪纸）	知道扬州剪纸的传统及分类	会使用刻刀剪刀制作纸花	知道传统文化知识，尊重传统艺术，尊重手工艺工艺人及体力劳动者	进行简单的民间工艺制作	学会进行简单的民间手工制作，弘扬传统文化发扬光大
	4. 泥娃娃（捏泥人）	知道泥娃娃的相关知识，知道捏泥娃娃需要什么材料	能用橡皮泥捏一个娃娃			
	5. 以假乱真（纸花）	知道纸的种类，不同种类的纸的不同作用	会用各种的纸做出各种花朵			
	6. 我来设计（做简单的室内设计）	知道室内设计需要考虑哪些问题，室内设计是什么	会进行简单的室内设计	知道室内设计的意义	给自己的卧室做设计	激发学习设计的兴趣，了解先会整理再做设计，能欣赏各种设计的美，并能给自己的家做简单设计

第六章 小学班主任劳动技术活动策划与组织

四、开放性原则

开放性是现代课程的基本特征之一，劳动技术活动具有很强的开放性。

第一，课程内容的开放性。即充分利用各种资源，引领学生走进社会、走进生活。只要是与学生的生活密切相关，学生易于接受和理解的内容和领域，都可以作为劳动技术活动的具体内容。这些内容既可以由教师选定，也可以由学生选择；课程内容要既是教材的拓展，同时也是课外内容的生成；既可以是单学科的，也可以是多学科的。

第二，课程实施的开放性。即劳动技术活动的实施既可以在课堂上完成，也可以在课前或课后完成；既可以个体独立设计制作完成，也可以通过小组合作完成；既可以在教室中学，也可以在家庭生活、社会生活中学。也就是说，无论是哪种实施方式，都需要给学生提供现实的开放性的生活情境。

第三，课程评价的开放性。即劳动技术活动结果的评价标准不应是单一的，而应该是多元化的。不应该仅仅盯住学生的作品是否如期完成，更应该看到学生劳动意识和劳动技能的形成，以及其他综合素质的养成，这些更为重要。从评价方式来讲，既可以开展自我评价、小组互评，同时也可以请教师、家长及其他专业人员进行评价；从具体评价方法来讲，既可以是作品展示，也可以是心得交流和专题活动等等。

总之，劳动技术活动的设计要遵循小学生生理和心理发展的特点，以培养学生的劳动能力和创新精神为重点，在保证基本知识、技能、态度目标的基础上，尽可能多地给学生提供探索和体验的机会。

第三节　劳动技术活动与学生能力的培养

劳动技术素养是劳动者素质结构中的重要组成部分，主要包括劳动态度、劳动品质和劳动能力等方面。个体的劳动技术素养不是与生俱来的，而是在一次次的劳动和技术活动中，"获得劳动体验和劳动技能"，"形成正确的劳动价值观"，"养成良好的劳动品质和习惯"，长期积淀下来的。对于小学生来说，其认知水平和实践操作能力等方面都处在人生的起点阶段，可塑性极强。这个阶段如果能科学有效地增强小学生的劳动技术素养，提高其实践操作能力，让他们学会自理、自立、自律、自学、自护等技能，将对他们的未来生存和发展起到重要的促进性作用。

一、劳动技术活动中学生动手能力的培养

动机是激起人的行为或抑制人的行为的愿望和意图，是人的行为的内在动因。小学生一旦被激起学习的动机，就会在活动中采取不同的方法、策略和手段去实现预定目标。因此，教师要注重激发学生的学习动机，营造积极的学习心态。如通过多种教学方法（实物展示法、设疑法、谈话法、调查法、观察法等）激发学生的学习兴趣。伟大的科学家爱因斯坦曾说过："兴趣是最好的老师。"这就是说一个人一旦对某事物有了浓厚的兴趣，就会主动地去求知、探索和实践，并能够在实践中产生快乐的情绪体验。学生也只有对活动内容感兴趣，才可以全身心地投入，并获得理想的教学效果。

劳动技术活动种类繁多，形式多样，实践性和操作性都比较强，因而深受学生喜爱。很多学生认为在劳动技术活动中，他们可以体会劳动的快乐。有些活动内容甚至是他们从来没有经历过的，在教师的指导和帮助下，他们学会了生活，学会了操作，更学会了合作和交流。例如某校开展了制作小头饰的活动，这里面不仅涉及到颜色的搭配、样式的设计，同时还需要自己动手操作，从创作到成果完成需要学生们进行系统的思考，颇具挑战性，但很多学生乐此不疲。

又如在毛线编织活动中，几位同学身着不同款式、不同

200

颜色的毛衣，展示毛线编织物的独特魅力。在展示过程中，教师因势利导地讲述毛线编织品具有保温性好、伸缩性较大、穿着舒适暖和等优点，同时还告诉学生一件手织衣物还凝聚着对亲人的关爱。学生的兴趣一下子被激发起来，纷纷开始询问如何编织毛衣，如何向亲人表达心意等等。很多学生都专心投入到编织活动中，并把自己的作品带到家中继续完成，活动效果非常好。

二、劳动技术活动中学生探究能力的培养

劳动技术活动与其他学习活动不同，它更注重学习情境中的全员参与性。学生的每一次体验，每一次操作，都是一次探究的过程，都能够体现手脑的并用。

德国教育家第斯多惠认为："科学知识不应该传授给学生，而应当引导学生去发现它们，独立地去掌握它们。"可见，学习探究应以学生为中心，强调师生双方在实践中的体验及生成。在探究实践中，师生的体验不断增多，新的问题不断生成，从而促进教学的不断深入。

例如在"豆贴画"活动中，学生们很投入地在精心制作自己心仪的图案，一个个小豆豆组成了一幅幅美丽的图画。很多学生将自己的成品送给老师看，其中一个小男生刚把作品递给老师，就发现画中有几颗小豆豆掉落了。老师适时追问："大家遇到这样的问题怎么办呢？有什么方法能将小豆

豆固定呢?"一语激起千层浪,学生们议论纷纷。老师提议让大家带着这个疑问回家尝试,并请求家长的帮助,明天再继续交流。第二天,学生们积极踊跃地发言。有的同学提到用101胶水,有的同学认为用强力胶会不小心粘到手,而且不好清洗,提议用双面胶来进行固定,这样既粘得牢,又经济实惠。大家你一言我一语,活动气氛非常融洽。

爱因斯坦曾说过:"提出一个问题往往比解决一个问题更重要!"在劳动技术活动中,教师给学生提供充分的探究时间,使学生学会思考、学会设计、学会动手,发展思维,培养探究精神,提高探究能力。在活动具体材料和内容的选择上,教师给学生提供了一个多样化的学习资源,允许学生进行自由创作,使学生在探究学习中获得智力的开发,充分展示自身的才能和个性。教师在活动中,对于学生的疑问进行及时的反馈,使他们获得体验和感悟,激发他们进一步探究的渴望。

三、劳动技术活动中学生合作能力的培养

新课程要求确认学生在整个教学过程中的主体地位,教师在教学过程中,只是为学生的认识和发展提供必要的条件与帮助,指导学生如何开展有效的学习,教师通过引导、指导、疏导,将"教师主导"与"学生主体"相结合。

劳动技术活动是一项综合性、实践性较强的活动课

程。在教学中强调手脑互动，强调参与活动的实践，并能根据问题的需求，收集和处理相关信息，形成设计方案，并在制作过程中不断地加以改进和完善。在这个过程中，教师必要的学法指导对学生知识和技能的全面发展起到了至关重要的影响。学生在操作学习过程中，可以充分利用小学合作学习的优势，与他人一起进行探究性学习，分享活动中成功的喜悦。

《环保服装秀》活动

一组同学正在用塑料绳做"草裙"

同学A：你瞧我的，把塑料绳撕得很细很细，穿着草裙走秀时，我们一个转圈，那才飘逸潇洒呢！你撕得太粗，赶快改进吧。

同学B：不要急吗！我来帮你！先在塑料绳的顶端打个结，再顺势往下撕，这样又快又不乱。

同学A：（想了想）也对啊！（同学A照着同学B说的办法去做，果然成功了。）

同学A：你真聪明！我怎么没想到！

……

上述案例中，同学A在同学B的帮助下，体验到了成功的快乐，为两个人的进一步合作打下了坚实的基础。总之，教师要以学生"学"的角度来设计教学活动，以灵活、多样的

教学方法启发、鼓励学生进行发散性思维和小组合作，从而使学生能够自觉地、主动地学习。

第四节 案例分析与技能指导

【案例1】

一、案例展示

某校小学生生活技能比赛活动方案

一、活动目的：

1. 培养学生良好的生活习惯，提高动手能力，学会自己的事情自己做。

2. 让学生在活动中体验劳动的快乐，激发自我服务的欲望。

二、活动对象：一至六年级学生。

三、活动形式：每班先初选，派出10名同学参加校级比赛。

四、活动内容：

穿衣服、穿鞋子、钉扣子、缝沙包。

五、评奖方法：

各年级取前十名。

二、案例诊断

活动内容设计笼统，不够细致和具体化，不能体现该活动对不同年段学生的要求和标准，活动指导意义不强。

三、技能指导

上述活动方案整体设计比较完整，但在具体活动内容设计上还不够细致。关于活动的对象、活动的规则和基本要求没有明确说明，将直接影响活动的组织和活动结果的评价。

关于活动对象，方案中提及1—6年级学生。为使活动目的和要求更加明晰，活动方案中应该对不同年段学生进行活动任务的布置。如1—2年级主要是穿衣服活动；3—4年级主要是缝衣服活动；5—6年级主要是缝沙包活动。

关于活动规则，方案中可以具体作出说明：1—2年级穿衣服活动，要求学生在5分钟之内先将外套脱一件，然后脱鞋子在垫子上跳十下，再将衣服和鞋穿好；3—4年级钉扣子活动，要求学生5分钟之内要自己穿好针，再将两颗扣子钉在指定的布上，每个扣眼必须钉两针；5—6年级缝制沙包活动，要求学生在8分钟之内学生自己穿好针，将沙包装好沙子并缝好。（沙包漏出沙子不算。）

此外，对于这样的班级活动，教师如果能对活动中可能

出现的问题和突发事件进行前期的预测,并提出相应的应急方案,那就更全面了。

【案例2】

一、案例展示

某校小学三年级班主任给学生布置了一项作业——给自己的父母洗一次脚,同时提交一篇洗脚活动的感想。第二天,全班40位学生都按时提交了作业,班主任老师非常高兴。在批改作业的过程中,老师皱起了眉头,越看越生气,越看越无语。因为很多学生的作业描述惊人的相似,可想而知他们的作业是如何完成的……

二、案例诊断

活动流于形式,缺乏系统思考和家庭教育的配合,对学生的促动性和教育意义不大。

三、技能指导

现代小学生大多是独生子女,受父母的溺爱和保护过多,缺乏感恩意识。因此,对小学生进行感恩教育,让他们学会感受爱、体验爱和感谢爱,具有现实意义和价值。但是,作为班主任老师应时刻谨记，对学生进行感恩教育，不仅仅有洗脚这一种传统方式，学生给父母洗过一次脚，也并不意味着学会了感恩，学会了孝敬父母。教师应该要求学生从生活的点点滴滴做起，采取他们愿意并且乐于接受的方式来实施。如帮助父母做家务、自己穿衣服、叠被子、自己吃饭等等，这些行为虽然看起来没那么特别，但却是学生实实在在能做的，也会做的事情，学会关心、尊重父母，学会为父母分担生活的压力，也是孝敬父母的一种表现。活动不能流于形式，不能空洞主义，必须落到实处，并且得到家庭教育的有效配合，这样才能获得实效。

【案例3】

一、案例展示

广州一所小学提出让本校5年级的小学生轮流清洗学校的厕所。很多家长对此提出质疑。因为个别学生清洗完厕所后回家不愿意就餐，情绪低落。该校校长是这样解释的："之所以安排高年级的学生清洁厕所，一来因为暑假里，在该校工作了三年的清洁工因个人原因提出辞职，加上学校经费有限，新学期开学后便没有再请清洁工了。二来，学校希望借此培养学生的劳动意识，对于五年级学生来说，这个工作已经是力所能及了。三年前，

学校的厕所全部是由学生自己清洁的。"王副校长表示,决定让学生洗厕所之前,学校是经过慎重考虑、商量的。

二、案例诊断

关于学生是否有能力、有必要清洁厕所,学校和家长出现了意见分歧。

三、技能指导

从事实上来讲,让学生清洁厕所与清洁教室是一样的性质。只不过厕所的环境卫生比较脏,学生以前没有做过,也不太愿意去做。很多学生在家庭教育中,往往是家长不让他们去做一些看似不能做的事情,长此以往学生就缺乏了劳动的主动意识。

学校的行为从目的上来讲,并没有实质性的错误。只是在这项举措提出之前,应该考虑得更为周全些。例如可以通过家长调查问卷及家长访谈,进一步了解家长对这件事情的认可和支持程度,按照实际结果来进行决策;另外,学校应该安排班主任老师带领学生一起从事清洁工作,教师和学校领导以身作则,亲身示范,给学生和家长树立榜样,这样的示范性影响是非常大的,应该能够得到学生和家长的支持和理解。

第97条建议——怎样教育学生热爱劳动

节选自苏霍姆林斯基《给教师的100条建议》

在我们学校果园的中央，长着一片高高的、葱绿的葡萄丛，壮实的葡萄藤足有两米高。少先队员们把枝条固定在铅丝上，一行行地排得很整齐。你顺行看过去，几千串黄色的葡萄确实惹人喜爱。我们这个葡萄园是学校的骄傲。不但我们本村的，还有邻村的庄员们都到这儿来学习。在葡萄园里劳动被看成一种很大的乐趣和很高的荣誉，只有那些最勤恳、最爱劳动的学生才配享受它。每当从许多愿意劳动的学生当中选出10-15个人，让他们在行间松土，或者把枝条缠到铅丝上，或者在秋天给每一棵树丛根部垒土，或者在冬天堆上雪以保持水分，这时那些没有被选到的人就觉得受了委屈，感到失望。这使我不由得回想起15年前的往事……

当时这里是一片荒地。记得有人对我说过：以前曾经把这块地给过一个更夫和财务员，让他们去种土豆，他们都不肯要，因为这块地上已经种过50年土豆，它已经完全没有肥力了。于是我建议把这块地改造成肥沃的土地，使它变成一片花果茂密的果园。

我费了很大的劲才说服高年级学生给这里运来了大约30吨含腐殖质的农肥。我看到，学生们只是出于对我这个新上任的校长的尊重，而不是出于对劳动的热爱，才完成我的要求的。在施肥以后，

还必须挖一些一米半深的坑，再把腐殖质跟黑土掺和起来，填进每一个坑里。

当时在我们村子里还没有人种葡萄，虽然在我们这个地区供葡萄发育的条件是再好不过的。我给学生们讲述葡萄是一种多么美妙的植物，可是我感到我的话并没有打动他们的心。我记得，当我谈到热爱劳动，并且还引用了高尔基的话时，十年级的一个叫奥丽娅·特卡琴柯的女生，滑稽地向她的女友们眨眨眼睛，问道："刚才您说，劳动会使生活变得美好。可是请您说说，难道像挖这些土坑的劳动也是可爱的吗？难道这种事能给人带来欢乐吗？至于高尔基的话，那大概是为了把诗写得美一些；而在生活里，像拾粪这样的劳动，难道也能让人热爱它吗？"……

我清楚地知道，那些为第一批葡萄丛挖坑的学生，到中学毕业后就能看见他们的劳动果实。也可能，到那时他们还会带领自己的孩子到学校来。这当然是很好的。不过，还应当更多地想到那些低年级的孩子，他们在校期间，还能种植三熟葡萄，三次看到自己的劳动果实。我们举行了一个"劳动节"（我们给栽种葡萄那一天取了这个名称）活动，来参加的不仅有那些运肥挖坑的人，还有小学生——一、二、三年级的孩子，他们不是来旁观而是来劳动的。开辟葡萄园这件隆重的、"大人的"事让小孩子来参加，单单这一点就使他们把劳动当作一种不平常的、庄严的因而也是快乐的事来对待了。

到了这一天，小学生们每人给每个坑里捧一捧肥土，给葡萄根涂上有营养的溶浆，然后埋土、浇水。孩子们的劳动量是不大的，但是他们比起那些运肥和挖坑的高年级学生来说，却怀着更加浓厚的兴趣，盼望着葡萄藤长出第一批嫩芽来。这是为什么呢？在那几年里，我还没有下功夫去研究这类现象的心理学的奥秘，可是我有一个明确的想法：应该从最幼小的年龄起就吸引儿童参加劳动，而且要使劳动进入儿童的日常生活，变成他感兴趣的事，通过劳动来激发他的幻想，使他像幻想到遥远的国度去旅行和去发现新大陆一样。在带领小学生去参加劳动节以前，我就给他们讲故事，说一棵葡萄可以结出一百串又大又甜的果实，说可以把葡萄藤培植到像学校楼房那么高。这番话激发了孩子们的想象，就像你对他们谈那稀奇的海洋动物，谈我们这一带草原里的斯基福人的古墓里的奇珍异宝一样。于是，他们入迷似的做起事情来了。

　　葡萄藤上的第一批叶子发绿了，新长出来的嫩枝向着太阳伸展。在暖房里，我们用花盆装上含腐殖质的肥土，栽一些插条，它们到冬季就生根，到了春天把它们移栽到普通的土壤里，再过一年就已经结出果实来了。

　　这个目标是非常诱人的。我还带来了一篮子成熟的葡萄，让孩子们生平第一次品尝了这种果实。大概这一点也加强了目标的吸引力。试想，这样一来，谁还会拒绝用桶去提肥料，用鸟粪去制作追肥用的溶液，拒绝干这种又脏又累的活儿呢？

第六章　小学班主任劳动技术活动策划与组织

211

春季到了，孩子们把培育的小树苗移栽在暖房里。对10岁、11岁的孩子们来说，挖坑，把黑土和腐殖质拌和成有营养的肥料，然后再撒进坑里，确实是不轻松的事。但是，他们真心实意地、入迷地劳动着，这可能是理想在鼓舞着他们的缘故。这些孩子种的葡萄园（大约有30棵），成了学校果园里最漂亮、管理得最完善的一角。当一年前高年级学生种的那些葡萄开始结果的时候，低年级的孩子们高兴极了。因为他们感到自己也是这项劳动的参加者，他们还记得劳动节那一天的情景。好容易等到果实成熟了，我就把一串串的葡萄分给孩子们。他们兴高采烈地把果实拿回家，奉献给妈妈和爸爸。

劳动获得了初步的成果。孩子们从暖房里移栽出来的插条长出了绿色的嫩枝。他们现在已经知道怎样照料和培育这种植物了。我感到高兴：这一下，孩子们都将学会栽培葡萄，他们每一个人都将成为少年园艺家——而这也就是热爱劳动了。但是，我的愿望并没有实现。

……

当新鲜的、诱人的东西变得习以为常的时候，学生对它的兴趣就减退了。我们把曾经让年幼儿童做过的事情，原封不动地叫少年去做，使得他们一般地都对劳动失掉兴趣，其原因可能就在这里吧？大概这样的估计是符合事实的。我们让年幼儿童去做的事，对他来说是发现世界，可是对少年来说，却是早已念熟的一页旧书了。而世界绝不是少年念过和熟悉的这一页书所能穷尽的。你只要再翻开一页，在他面前就会出现新的、未知的事物。我们必须在儿童面前打开大自然这部奇异的书。甚至像在种土豆或者种甜菜这样平凡的、熟悉的、司空见惯的事情里，也都可以翻开一页又一页的新文章，使儿童把习以为常的劳动看成不平常的、引人入胜的、富有浪漫精神的事。

于是，我开始关心的主要的事，就是使简单的、日复一日地重复的日常劳动不要变成最终目标，而是成为一种手段，借它去一页一页地翻开大自然这部巨著的令人神往的篇章。对于那些热情已经冷却下来的少年，我不断地吸引他们到暖房里来。不过，我并不是去恳求他们，而是他们自愿来的。在这里看到的事情使他们大为惊异。当时我们的暖房很小，最多只能容得下10个人进来，所以使人惊奇和赞叹的那件事，还有些人未能看见。是什么东西使这些已经冷淡的少年如此震惊呢?原来是一种试验，我们把它叫作葡萄烟熏追肥法。具体做法就是用乙烯的烟来熏葡萄丛。大家知道，加强气体吸收能够加速葡萄的发育和结果。我们又用生长激素给葡萄追肥，结果出现了前所未见的事：在冬季，在离雪堆只有两米远的地方，葡萄开花了，长出了果实，一串串的葡萄不是按天计算而是按小时计算地越长越大。

少先队员们感到欢欣鼓舞。紧接着，我又准备搞一次"意外事件"：我们从地下室搬来了一些装满沙子的木箱，木箱里保存着一些短小的葡萄根。当我告诉孩子们下一个试验准备怎么搞的时候，他们都不敢相信我的设想：难道可以把葡萄的嫩芽嫁接到葡萄根上，难道这样可以使它长成结果的枝条吗?少先队员们又带着孩

子们特有的那种使不尽的热情,重新拿起了小桶,到处去收集最好的肥料,挑选最合适的地段,以便到了春季开辟一个不平常的葡萄园:这是一种把南方品种的葡萄幼芽嫁接到北方品种的抗寒葡萄的根上的新东西。会长出什么东西来呢?新的植物能不能度过严寒季节呢?它经得起少雪而干冷的冬季的考验吗?这许多问题使孩子们感到心神不宁。

当嫁接在根上的幼芽刚刚长出第一批嫩枝的时候,我又谈了自己的一个新的设想:可以培育这样的一种葡萄丛,使它的根部以均匀的垂直的方式深深地向土壤底下钻,这样一来,即使最厉害的严寒也冻不坏它的根了。

"那么怎样才能做到这一点呢?"孩子们迫不及待地想知道怎么做。

"要做到这一点,得设法用什么东西来吸引这些根,叫它朝下长,得用什么好吃的东西来喂它。"我暗示地说。

孩子们领会了我的意思,脸上放出了光彩。该怎么办——已经明白了。但是具体做法还不知道。孩子们在一起寻找答案,连我自己起初也不十分了解这种操作方法。通常,为了培育树苗,就把插条直接栽进土里;现在,我们先把插条的根和一个装有营养物质的小管子连接在一起,以后再把小管子拿掉,让营养物留下来。这样一来,就预先给葡萄根指定了一条向着营养物生长的道路,它就拼命地朝下往深处钻了。

试验结果使得孩子们又惊又喜。他们陆续提出新的设想和建议……

春天又将来临了。可是现在我再也不用担心孩子们的热情会冷下去了。所做的工作已经够多了，而孩子们通过自己的劳动也获得了足够的精神武装。当然，这种精神武装还是要不断补充的。我这里还储备着一些新的设想，只要发现孩子们稍有松劲的情绪，我就准备用它们来给孩子们鼓气。

……

【参考资料】

1.《综合实践劳动技术教育》杂志

2.《学校与教育丛书·班主任班级文化建设主题活动指南（10册）》，辽海出版社，2011年版

3.《小学劳动技术学科主题教学案例研究》，首都师范大学出版社，2009年版

【思考题】

1. 劳动技术活动的主要类型有哪些？

2. 劳动技术活动的组织和开展需要遵循哪些基本原则？

3. 简述劳动技术活动与学生能力培养之间的关系。